KB210637

당신을 위한,

기도응답반

PRAYER

당신을 위한,

기도응답반

유예일 지음

ANSWER

LESSONS

규장

작고 사소한 것에도
친밀하게 응답하시는 사랑

첫 책 《당신을 위한, 기도시작반》(이하 기도시작반)의 차례를 정하며 기도할 때 몇 가지 주제는 남겨두라는 마음을 받았다. 그 주제들은 다음 책에 쓰라고 하시는 것 같았다. 사실 책의 출간 여부도 모를 때였지만, 그래야만 할 것 같아서 남겨두었다. 그리고 정말 그것이 마중물이 되어 두 번째 책을 쓸 수 있었다.

첫 책이 출간된 후, 많은 이의 관심과 사랑을 받으며 내게 더 절절히 다가온 건 하나님 아버지의 마음이었다. 마치 하나님께서 '내 자녀들이 기도를 시작하길 간절히 기다리고 기다렸다'라고 말씀하시는 것 같았다. 그래서 보잘것없는 나를 들어 쓰셔서 그분의 자녀들이 기도의 자리로 나오기를 독려하신 거라 믿는다.

이 책을 쓰는 동안 코로나19 팬데믹으로 온 세상이 뒤집혔다. 마스크 없이는 밖에 나갈 수 없고, 예배도 온라인으로 드려야 하는 상황이 벌어졌다. 단 한 번도 상상해본 적 없는 삶의 방식과 달라진 예배 풍경이 너무 낯설고 서글펐다. 교회에서 예배도 드릴 수 없는 시대가 된 것이다.

그런데 시간이 흐르자 어느덧 비대면 예배가 익숙해지고 일상이 되었다. 온라인에 기독교 콘텐츠가 넘쳐나지만 주님의 얼굴을 주목하는 자녀는 과연 얼마나 될까? 모든 것이 멈추고 막혀버린 듯한 시대에 주님을 만나는 골방으로 나아갈 수밖에 없었던 처음 마음이 시들해지지는 않았는가?

이번에도 하나님 아버지께서는 자녀들을 기도의 자리로 초청하는 마음으로 이 글을 나누게 하신다. 이 책이 누군가에게 '나도 기도하고 싶다', '나도 응답받고 싶다', '나도 주님을 만나고 경험하고 싶다', '나도 주님을 사랑하고 싶다' 하는 마음을 불러일으키기를 바란다. 그래서 그들이 부디 기도의 자리, 주님을 깊이 만나는 그 자리에 머무르기를 간절히 소망한다.

지난 몇 년간 뒤집힌 세상만큼 내 삶도 믿기지 않을 만큼 뒤집혔다. 결혼 십 년 만에 태의 문이 열렸고, 우리 부부의 은사 목사님을 주님께 보내드렸으며, 남편은 담임 목회직을 맡게 되었다. 또한 교회 공동체는 새로운 터전을 찾아 나섰다.

거세게 몰아치는 폭풍 같은 시간에 오직 주님을 부여잡고, 아니 주님께 꽉 붙들려 무사히 항해할 수 있었던 건 말할 수 없이 큰 은혜였다. '기도'로 건너올 수 있었고, '기도'로 건너게 하신 주님의 크신 사랑을 찬양한다.

나는 이 시간을 통해 기도응답이 'Yes'(맞다)가 아니라 'No'(아니다) 혹은 'Wait'(기다려라)라고 해도 하나님으로부터 오는 것이면 'Best'(가장 좋은 것)임을 깨달았다. 그리고 작고 사소한 것에도 친밀하게 응답하시는 아버지의 사랑을 누리게 하심에 감사했다.

우리는 여전히 출렁이는 바다 위를 항해하는 듯하다. 언제 또 거센 파도가 몰려올지 알 수 없지만 오직 주님과 함께라면 안전할 것이다. 마라나타, 다시 오실 예수님을 기다리는 마지막 때를 살아가면서 오늘도 주님의 얼굴을 구하는 그분의 자녀를 애타게 찾으시는 하나님 아버지와 뜨겁게 눈을 마주하는 우리가 되길 소망한다.

이 자리를 빌려 성도 목양에 힘쓰며 남편과 아빠로서도 최선을 다해주는 도기훈 목사님에게 감사와 존경의 마음을 전하고 싶다. 또 아침마다 눈물의 기도를 심으시는 양가 어머니와 사랑하는 가족에게 깊은 감사를 보낸다. 그리고 한배를 타고 항해 중인 운명 공동체, 더사랑하는교회 식구들에게도 감사와 사랑을 전한다.

PART 2

응답받는
올바른
기도

PART 4

응답받는
기도
배우기

에필로그

PRAYER

ANSWER

LESSONS

1
PART

응답하시는
하나님

CHAPTER 1

엘 샤다이,
전능하신 하나님

마음의 불임을 치유받다

어느 날 큐티를 하다가 한 말씀 앞에 내 눈이 멈췄다.

엘리사벳이 잉태를 못 하므로 그들에게 자식이 없고 두 사람의 나이가 많더라 눅 1:7

"잉태를 못 하므로", 세례 요한의 어머니 엘리사벳의 불임 이야기가 마치 내 이야기처럼 들렸다. 그러면서 내 마음에 진단이 내려졌다.

'난 마음의 불임이다.'

그때까지 나는 자녀에 대한 소망이 없었다. 아이를 좋아하긴 했지만 내 아이를 낳는다고 생각하면 이상하게 거부감이 들고 자꾸만 미루고 싶었다. 신혼 초에는 '아이는 좀 천천히 갖자'라는 가벼운 생각이었는데, 마음이 좀처럼 움직이지 않았다. 하지만 해를 거듭할수록 아이에 대한 부담은 커졌고,

움직이지 않는 내 마음 때문에 두려움과 정죄감이 몰려왔다. 하나님 앞에 혹 범죄하고 있는 건 아닌지 돌아보았다.

'아이를 낳으면 연기자의 삶은 정말 멀어지는 게 아닐까?'

이런 두려움이 마음 깊은 곳에 있었다. 물론 하나님의 배우로 주님께 영광 돌리는 삶, 주님이 기뻐하시는 연기자가 되고자 누구보다 발버둥 쳤다. 하나님이 기뻐하시지 않는 작품과 역할은 맡지 않으려고 오디션조차 보지 않았고, 어떻게든 분별하려고 애썼다. 하지만 하나님께서 배우를 내려놓으라고 하신다면 그것만큼은 받아들일 수 없다는 고집이 있었다.

우상이었다. 그러나 절대 아니라고 애써 외면하며 주님이 내게 주신 분깃이며 비전임을 증명해 보이기 위해 더욱 눈물로 기도하며 매달렸다. 하지만 더는 숨을 곳 없이 마음을 다 들켜버리고 나니 나 자신과 마주할 수밖에 없었다.

'배우'를 내려놓고 '자녀'를 갖는 건 '나 자신'이 사라지는 일 같았다. 그렇게 살아갈 내가 너무 초라해 보였다. 십자가 앞에 나를 드렸다고, 주님이 주인이시라고 입술로 고백하면서도 여전히 내가 주인이었다. 그 우상을 던져버리고 싶어도 버려지지 않아 고통스러웠다.

'주님, 제발 이 소원을 제 마음에서 없애주세요. 기억상실증이라도 걸려서 배우에 대한 모든 걸 잊었으면 좋겠어요!'

울부짖으며 기도했다. 너무 고통스러워 악을 쓰며 큰 소리로 울었다. 심지어 사역자로 부르심을 받은 남편을 향해 "내가 당신을 만나서 배우의 삶을 희생해야 했다"라고 말하기도 했다. 남편은 이런 나를 긍휼한 마음으로 안고 한참이나 같이 울어주었다. 그리고 눈물의 중보기도를 심어주었다. 다행히도 악을 쓰던 내 자아가 주님의 사랑 앞에 점점 힘을 잃어갔다.

배우가 되려는 열망의 불씨가 거의 희미해지고, 하나님을 향한 마음이 더욱 피어오르던 어느 날, 세례 요한의 어머니 엘리사벳의 이야기를 만났다. 내 안의 우상은 치워버렸지만 여전히 '자녀'에 대한 막연한 두려움을 가진 채 온전히 회복되지 않은 내가 '마음의 불임'임을 깨달았다.

그리고 엘리사벳의 불임을 치유하신 하나님께서 나도 동일하게 치료하시리라는 믿음이 자라났다. 그날 말씀을 묵상하며 눈물로 하나님 앞에 엎드렸다.

'저는 마음의 불임입니다. 엘리사벳을 치료하신 하나님, 저도 고쳐주세요! 불임의 멍에와 두려움에서 자유케 해주세요.'

며칠 뒤, 꿈속에서 세미한 하나님의 음성을 들었다.

'예일아, 내가 네 오래된 병을 치유하기 위해 선교사를 보낼 것이다.'

그리고 검은 양복을 입은 나이 든 남자의 뒷모습이 보였다.

몇 달 후, 여름수련회 강사로 김용의 선교사님이 오셨다. 집회 첫날, 첫 강의를 듣는데 꿈에서 보았던 그 뒷모습이 떠올랐다.

'바로 그가, 치유하시겠다는 그 자리, 그때가 지금이구나!'

깨닫는 순간 온몸에 전율이 일었다. 그날 강의는 복음에 대한 말씀이었다. 내용이 자세히 기억나지는 않지만 선포되는 복음 앞에 내 자아가 죽고 성령께 사로잡히는 은혜의 시간이었다. 더불어 내 마음에 떠오르는 그림 하나가 있었다.

자물쇠로 단단히 잠긴 불임의 빗장이 풀리고 그 문이 활짝 열렸다! 동시에 자녀에 대한 소망이 꽃봉오리 터지듯 피어올랐다. 정말 믿기지 않는 변화였다. 마치 물이 포도주로 바뀌듯 단번에 내 마음이 뒤집혔다. 그날 기도 시간에 봇물 터지듯 부르짖었다.

'주님, 제가 엄마가 되길 간절히 소망합니다.'

또한 우상을 붙들고 불평하며 원망했던 어리석은 모습도 회개했다. 나를 치료하신 주님께 너무 죄송했다. 지나온 시간을 함께 씨름하며 기다려주신 것에 참으로 감사했다. 바울의 고백처럼 지난날 내가 붙들었던 우상과 원망하던 마음이 배설물처럼 느껴졌다.

그리고 신기하게도 주님이 첫아이를 아들로 주실 것 같은 느낌이 들었고, 이름을 믿음과 충성의 사람 '갈렙'으로 지어야

겠다고 생각했다.

사흘간 수련회를 마치고 집으로 돌아오면서 들뜬 마음으로 남편에게 간증했다. 주님이 나를 치유하시고 소망을 주셨다고. 그리고 아들을 주실 것 같은데, 이름까지 떠올랐다고. 그러자 남편이 말했다.

"아들이라면 나도 붙여주고 싶은 이름이 있어, 갈렙."

순간 온몸에 소름이 돋았다. 남편의 말이 마치 하나님의 음성처럼 들렸다. 그 많고 많은 성경 인물 중에 '갈렙'이라니!

그러나 내 종 갈렙은 그 마음이 그들과 달라서 나를 온전히 따랐은즉 민 14:24

수련회 이후, 당장이라도 아이가 생길 줄 알았다. '마음의 불임'일 뿐이지 '육신의 불임'은 나와 상관없다고 여겼기 때문이었다. 그런데 한 달, 두 달, 일 년이 지나도 좀처럼 임신이 되지 않았다. 조금씩 마음이 불안했다. 그런 내게 남편이 말했다.

"하나님의 때가 있을 거야. 조급해하지 말고 기도하며 인도하심을 구하자."

얼마 뒤 산부인과에 가서 몇 가지 검사를 받았다. 자궁에 작은 근종이 있는데, 임신을 생각하면 착상에 방해될 위치에 있다고 했다. 하지만 당장 수술할 정도는 아니라서 환자의 선택에 맡기겠다고 말했다. 또 나이가 있어서 난소 기능이 떨어져 난임일 수밖에 없다며 시험관 시술을 권했다.

의사의 소견을 들으니 하나님 앞에 엎드려야 할 때라는 생각이 들었다. 물론 현대의학도 그분의 섭리 가운데 주신 은혜이지만 엘리사벳과 한나, 사라의 문을 여신 하나님께서 내 태의 문도 여시리라 믿었다.

조급한 마음을 내려놓고 하나님을 신뢰하며 그분의 때를 구하기로 했다. 그러자 성경을 읽을 때 새로운 관점이 열렸다. 성경의 어머니들이 하나님 앞에서 어떻게 살아냈는지, 또 역대기, 열왕기에 등장하는 수많은 왕의 이름 앞에 어미의 이름이 기록된 것도 눈에 들어왔다. 마치 그 어미가 이렇게 양육해서 이런 왕이 되었다고 말해주는 것 같았다.

그리고 하나님께서 결혼을 통해 무엇보다 경건한 자손, 믿음의 후손을 보기 원하신다는 것을 깨달았다. 예수님이 다시 오시는 그날까지 믿음의 후손을 계속 이어가고 남겨두는 일이 얼마나 중요한 사명인지도 배웠다. 또한 사단이 이를 박살 내기 위해 '엄마'라는 자리를 얼마나 시시하고 초라하게 보이게 하는지도 알았다.

나도 한때 사단의 계략에 빠져 일을 내려놓고 엄마가 되기를 거부했었다. 또한 하나님의 자녀로서 '영적 전투' 현장을 의식하기보다 아이에게 물질적, 환경적으로 더 좋은 걸 공급해줘야 한다는 육적인 필요만을 생각했다. 이 세대의 결혼과 육아에 대한 가치관과 구별된 하나님의 거룩한 뜻을 깨닫지 못했던 것이다. 하나님께서는 내게 '난임'이라는 기다림의 시간을 통해 이 모든 것을 가르치셨다.

잠잠히 따라가는 기도

하루는 너무도 생생한 꿈을 꾸었다. 이 땅의 장소가 아닌 듯한 어느 텅 빈 광야 한복판에 포장마차가 덩그러니 있었다. 그 안에 중동 사람처럼 보이는 멋진 남자가 음식을 먹고 있었고, 옆에는 갓 태어난 남자아이와 여자아이가 유모차에 누워 있었다.

나는 그의 옆으로 가서 아이들을 보았다. 신생아, 아니 아직 태아라고 해도 될 정도로 아주 작고 귀여운 아이들이었다. 남자가 내게 아이들을 한번 안아보겠느냐고 물었고, 나는 그러겠다고 했다. 내 품에 안긴 아이들의 몸이 따뜻하고 포근했다.

'어쩜 이렇게 품에 쏙 들어올까!'

아이들을 향한 사랑의 마음이 불일 듯 일어났다. 그렇게 안고 있은 지 얼마나 지났을까. 그가 내게서 아이들을 받아 황급히 유모차에 태우고 떠났다.

꿈에서 깨어나 생각했다.

'왜 이런 꿈을 꾸었을까? 아들, 딸 쌍둥이를 낳고 싶은 내 마음을 아시고 주님께서 주시겠다고 응답해주신 건 아닐까?'

설레는 맘으로 예배당에 달려가 기도했다.

'너무나 생생한 꿈을 꾸었어요. 제게 응답해주신 건가요?'

주님은 아무 말씀이 없으셨다. 그러다 문득 왜 마지막에 아이들을 황급히 데려가셨는지 궁금해서 다시 여쭈었다. 비로소 주님이 응답하시는 듯했다.

'예일아, 아이들은 내 것이다. 너는 청지기임을 기억해라.'

정신이 번쩍 들었다. '배우 우상'을 내려놓고 그 자리에 어느새 '자녀 우상'을 채우며 집착하는 내 모습을 발견했다. 내 삶의 주인이 하나님이시듯, 자녀의 주인도 온전히 하나님이 되시도록 청지기 부모의 자리를 다시금 상기시켜주셨다. 그때부터 내가 열심을 내서 받아내는 기도가 아닌, 주님의 뜻에 잠잠히 따라가는 기도의 자세로 고쳐 앉았다.

너의 삶의 참 주인 너의 참 부모이신
하나님 그 손에 너의 삶을 맡긴다
너의 삶의 참 주인 너를 이끄시는 주
하나님 그 손에 너의 삶을 드린다

'요게벳의 노래'라는 이 찬양의 가사가 내가 해야 할 고백이자 기도 같아서 듣고 또 들었다. 수시로 따라 부르며 가사를 곱씹었다. 자녀의 참 주인 되신 주님의 말씀과 뜻을 따라 그분을 경외하며 아이를 길러내야 하는 청지기임을 마음 깊이 새겼다.

그 후 몇 차례 계절이 바뀌는 동안 믿음과 낙망 사이를 여러 번 오갔다. 어느 때는 상상임신을 했다가 낙심하여 멈추기도 하고, 다시 주님 앞에 온전히 나아가기를 반복하며 기다렸다. 더불어 육신을 강건하게 하는 노력도 게을리하지 않았다.

기다리는 일은 쉽지 않았다. 아브라함은 자녀를 약속받고 백 세까지 어떻게 기다렸을까. 침실 벽에 걸어놓은 그림이 주님과 아브라함을 떠올리게 했다. 예수님과 어깨동무를 한 사람이 하늘의 수많은 별을 바라보는 그림이었다.

'아브라함처럼 주님과 함께 밤하늘의 별을 보자. 그 별처럼 수많은 자손을 주리라고 약속하신 하나님을 생각하자. 불가능해 보이는 현실을 보지 말고, 주님께로 시선을 옮기자.'

태의 문을 열어주시다

그러던 어느 날 아침, 엄청난 복통에 괴로워하다 눈을 떴다. 간신히 몸을 일으켜 화장실에 가다가 거실 바닥에 배를 움켜잡고 쓰러졌다. 온몸에 식은땀이 흐르고 숨을 쉬기도 힘들었다. 깜짝 놀란 남편이 방에서 뛰어나왔다.

"여보, 배가 너무 아파. 구급차 좀 불러줘."

바닥을 구르며 소리를 질렀다. 당장 아이가 나올 듯한 임산부의 진통처럼 엄청난 통증이었다. 거의 혼절할 정도로 통증은 더 강해졌고, 결국 구급차로 병원으로 이송되었다.

통증은 진통제를 맞고 나서야 겨우 진정이 되었다. 검사 결과, 자궁근종의 크기가 더 커졌고 왼쪽 난소에는 자궁내막종이 생겼다고 했다. 의사는 근종을 제거하는 수술을 하는 게 좋지만, 그러면 임신이 늦어질 수 있으니 수술을 안 할 거면 시험관 시술을 하루라도 빨리 진행하는 게 좋겠다고 했다. 그러면서 자연임신은 기대하지 않는 게 좋겠다고 못 박듯이 말했다.

집에 돌아와 사흘 동안 침대에 누워만 있었다. 비련의 주인공처럼 눈물을 흘리며…. 사단이 내 지난 기다림의 시간을 비웃는 것만 같았다. 침실 벽에 걸린 그림을 보며 힘없이 주님께 기도했다.

'주님, 아브라함은 어떻게 기다릴 수 있었을까요? 한나는 어땠나요? 기다림의 시간이 결코 헛되지 않음을 말씀에서 분명히 보았고, 주님의 신실하심을 알아요. 그런데 너무 두렵고 힘들어요. 하지만 주님을 원망하고 싶지 않아요. 저를 위해 십자가를 지시고 부활과 영원한 생명을 주신 주님은 항상 선하고 옳으세요. 제 마음 좀 잡아주세요, 아버지.'

펑펑 울며 주님께 마음을 쏟아냈다. 정말이지 마음이 무너져 기도할 힘조차 없었지만 믿음을 빼앗기고 싶지는 않았다. 끝까지 주님을 신뢰하고 싶었다.

그러자 신실하신 주님이 내 마음에 다시 힘을 주셨다. 상황은 달라지지 않았지만 이내 평안이 찾아왔다. 세상은 이해할 수 없는, 주님의 자녀만이 누릴 수 있는 평안이었다.

그런데 두 달 후, 극심한 생리통으로 또 구급차를 불러야만 했다. 난감했다. 계속 구급차를 타고 병원에 갈 수는 없는 노릇이었다. 그래서 우리 부부는 시험관 시술을 놓고 진지하게 고민했다. 주변 지인들의 정보를 모아 병원 세 곳을 추렸다.

마침 남편과 저녁마다 합심해서 기도하는 기간이라 어느 병원으로 가면 좋을지 기도의 자리에서 의견을 나눴다. 그리고 구약에서 종종 볼 수 있는 장면처럼 제비뽑기로 주님의 뜻을 구해보기로 했다. 병원 이름을 쓰고 함께 손을 얹고 기도하려는 순간, 남편이 말했다.

"여보, 기도하는데 하나님이 제비를 바꾸라는 감동을 주시네."

남편은 '자연임신'이라고 쓴 제비를 추가하자고 했다. 대신 제비를 두 번 뽑아서 연달아 똑같은 제비가 나오면 하나님의 뜻으로 받자고 했다. 갑자기 제비를 뒤집자는 제의가 당혹스럽긴 했지만 가정의 리더로 세우신 그의 감동에 따르는 게 맞다고 생각했다. 그래서 제비를 추가하여 남편이 먼저 뽑은 다음에 내가 뽑았다.

어떻게 되었을까? 연달아 자연임신이 나왔다! 네 개의 제비 중 똑같은 제비가 두 번 연속 뽑혔다. 더 놀라운 건 남편이 기도할 때, 그렇게 되리라는 강한 믿음이 있었다고 했다. 우리는 주님의 인도하심이라고 믿고 한 달간 작정기도에 들어갔다.

어느 날, 함께 기도하던 남편이 말했다.

"홍해 앞에 선 모세가 생각나네. 앞으로도 뒤로도 갈 수 없는 상황에서 하나님 앞에 기도하며 지팡이를 들어 홍해를 가른 그와 같은 심정으로 기도합시다!"

우리는 두 손을 들고 소리 내어 간절히 부르짖었다. 오직 우리 가정의 주인이신 엘 샤다이 전능의 하나님께서 태의 문을 열어주시길 기도했다. 뜨겁게 기도를 마치고 시계를 보니 어느새 한 시간 반이 훌쩍 지나있었다. 그날 정말 하늘 문이 뚫린 듯한 큰 은혜가 부어졌다. 우리의 마음에 평안과 믿음이 가득 차올랐다.

한 달 후, 작정기도를 마친 다음 날에 임신 테스트를 해보았다. 이번에도 한 줄이었다. 남편에게 "또 아닌가 봐"라고 말하고선 힘없이 풀썩 누워버렸다. 수많은 생각이 스쳐 지나갔다. 믿음이 또 흔들리려고 했지만 꼭 잡아매려고 애썼다. 속으로 '주님, 주님!'을 되뇌었다.

우울하게 누워있지 말자고 생각하며 자리를 박차고 일어났다. 그리고 테스트기를 다시 보았는데 이게 웬일인가, 테스트기의 한 줄이 희미한 두 줄로 바뀌어 있었다.

"어?! 여보, 이것 봐!"

임신이었다. 남편이 눈물을 글썽였다. 엘 샤다이, 전능의 하나님께서 정말 태의 문을 여셨다.

며칠 후, 병원에 갔는데 의사도 놀라는 눈치였다.

"임신이네요. 정말 다행이에요. 축하합니다."

신기하게도 출산예정일(2020년 1월 30일)이 결혼 십 주년 되는 날이었다. 그리고 몇 달 후, 우리는 태아가 아들임을 확인했다.

그렇게 태어난 갈렙이를 볼 때마다 주님을 생각한다. 그의 존재 자체가 하나님이 살아계신다는 증거이므로. 그리고 내 소유가 아닌 주님의 자녀임을 명심한다. 난임의 시간을 통해 신실하게 날 깨우시고 가르치신 주님께서 육아의 시간도 인도하실 것을 믿는다.

우리가 이해할 수 없어도 주님은 언제나 선하시다. 우리의 어긋난 사랑에도 온전한 사랑으로 기다려주시는 분이다. 고난과 인내의 시간을 기쁨과 감사로 바꿔주신다. 한나와 사라와 엘리사벳이 그랬던 것처럼. 그녀들에게 역사하신 하나님께서 오늘날 우리에게도 동일하게 역사하실 줄 믿으며 찬양을 올려드린다.

1   오랜 시간 하나님 앞에서 씨름해온 내 삶의 고난은 무엇인가?

2   그 대상이 내 마음속 우상은 아닌지 돌아보자.

3   하나님이 허락하신 인내의 시간을 통해 깨닫고 배워야 할
    메시지는 무엇인가?

4   이 문제를 놓고 기도로 나아가는 시간을 계획해보자.
     ex. 한 달 작정기도, 사십 일 작정기도, 새벽기도 등

5   내 한계를 넘어 일하시는 전능의 하나님을 고백하며 기도하자.

CHAPTER 2

금식기도로
준비시키시다

가장 부담스러운 기도

금식기도는 말만 들어도 부담이 되는 기도이다. 예전에 금식기도의 의미와 능력을 잘 모를 때는 '굳이 먹는 것까지 끊어가며 기도해야 하나' 하고 생각했다. 또 대단한 영성이 있는 사람들이나 할 수 있는 기도로 여겼다.

하지만 실제로 금식기도를 경험하면서 그리스도인이면 누구나 할 수 있는 기도라고 권면하고 가르치게 되었다. 성경 곳곳에 믿음의 선배들이 금식하며 기도했고, 예수님도 제자들에게 말씀하셨기 때문이다. 마가복음 9장에 귀신 들린 아이의 아버지가 제자들에게 아이를 데려왔지만, 그들이 능히 쫓지 못하자 예수님이 화내시는 장면이다.

대답하여 이르시되 믿음이 없는 세대여 내가 얼마나 너희와 함께 있으며 얼마나 너희에게 참으리요 그를 내게로 데려오라 하시매 막 9:19

예수님은 그들을 향해 '믿음이 없는 세대'라고 탄식하신다. 그리고 직접 귀신을 꾸짖어 쫓아내신다. 제자들이 풀이 죽어 예수님에게 여쭈니 이렇게 답하신다.

이르시되 기도 외에 다른 것으로는 이런 종류가 나갈 수 없느니라 하시니라 막 9:29

And he said unto them, This kind can come forth by nothing, but by prayer and fasting. 막 9:29, KJV

제자들이 귀신 들린 아이를 만났을 때 기도하지 않았을까? 분명히 기도했을 것이다. 그런데 왜 예수님은 기도 외에 다른 것으로는 안 된다고 하셨을까? 영어성경 KJV에는 '기도와 금식'(prayer and fasting)으로 되어있고, 이를 통해 '평소에 하는 기도와 금식'의 경건 생활을 의미한다고 유추해볼 수 있다.

예수님은 귀신 들린 아이를 만난 순간에 하는 기도뿐 아니라 평소 기도하는 경건의 습관이 있어야 한다고 말씀하셨다. 금식을 수반한 기도의 삶을 통해 하나님의 뜻과 능력이 부어짐을 그들에게 깨닫게 하셨다.

금식은 내 몸을 낮추고 주님 앞에 엎드리는 것이다. 내 육신의 소욕에 귀를 닫고 영의 울림에 귀를 열며 내 힘이 아닌 주님의 능력을 기다리는 것이다. 그러나 스스로 힘을 빼는 게 쉽지 않기에 식음을 끊어 힘이 빠지는 것을 경험한다. 몸에 힘이 없고 괴롭지만 금식을 통해 영이 맑아지며 내 힘이 아닌 성령의 이끄심을 경험할 수 있다.

예수님도 이 땅에서 요한의 세례를 받으신 후 사십 일 금식기도로 사역을 시작하셨다(마 4:1-4). 성령에 이끌려 금식하셨다. 하나님의 아들이시지만 우리와 같이 연약한 육신을 입으셨기에 사역 전에 먼저 금식하심으로 본을 보이셨다.

하나님의 위대한 프로젝트, 사망 권세를 이기고 우리를 생명으로 옮기는 십자가 사역을 이루시기 전에 금식하신 것을 기억하자.

하나님이 기뻐하시는 금식

금식기도를 할 때 주의할 것이 '굶식기도'이다. 금식기도가 능력이 있다고 하니까 하나님의 뜻에 이끌리기보다는 굶는 행위 자체에 초점을 맞추고 집중하는 것이다. 이것을 삼가야 한다. 예수님은 바리새인들이 금식 행위 자체에 주목하며 은근히 과시하는 것을 꾸짖으셨다.

금식할 때에 너희는 외식하는 자들과 같이 슬픈 기색을 보이지 말라 그들은 금식하는 것을 사람에게 보이려고 얼굴을 흉하게 하느니라 내가 진실로 너희에게 이르노니 그들은 자기 상을 이미 받았느니라 너는 금식할 때에 머리에 기름을 바르고 얼굴을 씻으라 이는 금식하는 자로 사람에게 보이지 않고 오직 은밀한 중에 계신 네 아버지께 보이게 하려 함이라 은밀한 중에 보시는 네 아버지께서 갚으시리라 마 6:16-18

금식은 정욕과 욕심을 내려놓고 하나님을 따르기 위해 하는 것인데, 사람의 인정과 자기 과시를 위한 도구로 전락시킨다면 안 하느니만 못하다.

또 내가 간절히 원하는 걸 얻기 위해 굶는 건 '단식투쟁'이라고 할 수 있다. 나도 이런 경험이 있다. 진로를 고민하며 욕심이 많던 시절이어서 어떻게든 소망하는 길을 얻어내고 싶었다. 그래서 작정기도, 새벽기도, 굶식기도까지 하면서 열심을 냈다.

한번은 삼 일 금식을 작정하고 '이번에는 반드시 원하는 응답을 얻어내리라'라는 마음으로 기도를 시작했다. 그런데 첫날부터 배가 고프고 짜증이 났다. 둘째 날 아침이 되자 성령이 충만해지기는커녕 배가 너무 고파 혈기까지 올라왔다. 그러다 기도의 자리에 나아갔는데 주님이 이렇게 말씀하시는 것 같았다.

'너는 왜 금식을 하니? 그건 내가 기뻐하는 금식이 아니다.'

하나님의 뜻은 묻지도 않고, 소원을 들어주는 공식에 따라 금식하면 응답이 떨어질 것처럼 단식투쟁을 하는 어리석은 내 모습이 보였다. 그래서 금식을 멈추고 다시 주님의 마음을 구했다.

나중에 시간이 흘러 내가 정해놓은 계획이 아니라 하나님 뜻에 순종하고자 하는 마음으로 나아갔을 때 다시 금식할 기회를 주셨다. 물론 배고프고 힘들었지만 전처럼 짜증이나 혈기가 올라오지는 않았다. 도리어 평안한 마음이 들었다. 성령께서 붙들어 주신다는 마음과 인내할 힘을 주셔서 그분의 뜻에 귀 기울이는 귀한 시간이 되었다.

그러면 하나님께서 기뻐하시는 금식기도는 무엇일까? 흉악의 결박을 풀어주고 멍에의 줄을 끌러주며 압제당하는 자를 자유하게 하며 모든 멍에를 꺾는 것이 열매로 나타나는 기도이다(사 58:6). 그야말로 놀라운 하나님의 능력이 부어지는 기도이다. 주님을 온전히 사랑하고 그분을 따르고자 하며 그의 나라와 의와 영혼을 구할 때 이 열매들을 허락하신다.

우리 교회는 단기선교를 가기 전에 준비하면서 금식기도를 한다. 팀원 모두 합심해서 하는데, 한 사람당 7끼니씩 30명이면 대략 210끼, 즉 칠십 일을 금식으로 드리는 셈이다. 준비하는 두 달 동안 금식 달력과 금식 체인을 만든다. 그러면 지체들 안의 담배와 술 같은 중독의 사슬이 끊어져 금연과 금주의 열매가 맺히고, 방언이 터지기도 하며, 선교지에서 하나님의 역사가 일어나는 것을 본다.

한번은 알코올중독자였던 현지 성도가 선교 팀과 함께 기도하며 성령충만함을 받은 후에 술을 마시지 않는다는 간증을 전해 들었다. 또 어느 시골 마을의 작은 교회 집회에서 뜨겁게 기도하던 중에 젊은 형제에게서 귀신이 떠나가는 것도 보았다. 한번은 암에 걸린 아이에게 손을 얹고 눈물로 기도하며 예수의 보혈로 치유하심을 선포했다. 그런데 정말 아이의 암이 치료되었다는 소식을 듣고는 믿기지 않아 놀란 경험도 있다.

매년 우리의 금식기도를 통해 흉악의 결박이 풀어지며, 멍에가 끊어지는 주님의 일하심을 실제로 보고 들을 수 있었다. 복음이 전해져야 하는 우상 가득한 땅을 향해 금식하며 기도할 때, 주님께서 우리가 구하고 기대하는 것보다 더 신실하게 일하시는 것을 수없이 많이 보아왔다.

금식을 명하신 하나님

2018년 11월, 《기도시작반》을 출간하는 꿈같은 일이 일어났다. 연말 즈음, 감사와 감격에 마음이 조금 들뜨기도 했다.

그런데 기도 가운데 주님께서 남편과 함께 새해에 삼 일간 금식하라는 마음을 주셨다. 조금은 묵직하게 들려온 음성이라 두렵고 떨렸다.

말씀에 순종하여 2019년 새해를 맞아 남편과 함께 금식기도를 시작했다. 남편은 교회사역의 자리에서, 나는 기도원에서 지내며 기도했다. 사실 처음 금식에 대한 마음을 받았을 때는 정확히 무엇을 기도해야 하는지 잘 몰랐다. 그런데 금식을 작정한 때가 되자 여러 기도 제목이 떠올랐다.

마침 담임목사님께 권면받은 내 자아의 문제가 있었고, 암 투병 중이시던 담임목사님을 위해서도 기도해야 했다. 내 못나고 연약한 자아를 예수님과 함께 십자가에 못 박을 수 있도록 울며 구했고, 목사님과 교회를 위해 기도했다. 그리고 태의 문이 열리길 간절히 기도했다. 무엇보다 금식기도로 이끄신 주님의 뜻이 부어지길 기도했다.

온전히 주님께 집중하고픈 마음에 기도원 독실을 사용했는데, 유독 마음이 힘들고 외로웠다. 배도 고프고 추웠다. 하지만 기도할 때면 깊은 묵상이 부어졌다. 마음 깊은 곳에서 주님의 임재를 느꼈다. 큰 소리 내어 기도하지 못하고 읊조릴 때조차 그분의 만지심이 느껴졌고, 반대로 통곡이 터져 나올 때는 온몸으로 울었다.

금식 후에 먹는 미음은 어찌나 꿀맛이었는지, 감사하고 후련한 마음으로 기도원에서 내려왔다. 한편으로 금식을 명하신 이유가 궁금하면서도 기대가 차올랐다.

'왜 지금 금식기도를 하게 하셨을까? 앞으로 어떤 일이 일어날까?'

그 후 정말 많은 일이 벌어졌다. 앞서 말했듯 연초에는 자궁근종으로 극심한 통증이 찾아와 고생했고, 난임으로 마음은 바닥까지 떨어졌다. 하지만 남편과 작정기도를 하며 다시 믿음으로 일어나 결혼한 지 십 년 만에 태의 문이 열리는 기적을 경험했다.

그리고 그 봄의 끝에 스승이자 영적 어머니셨던 담임목사님의 암이 재발하는 아픔을 마주했다. 목사님은 투병 중에도 예배를 포기하지 않고 있는 힘을 다해 하나님을 예배하셨다. 목숨 다해 주님과 교회를 사랑하던 목사님은 뜨거운 여름날 주님 품에 안기셨다.

장례를 치르면서도 실감이 나지 않았다. 실컷 눈물을 쏟고 또 힘껏 기뻐하려고 애썼다. 목사님은 생전에 당신이 천국 가는 날 천국환송잔치를 하며 기뻐해달라고 당부하셨다.

얼마 후 나는 임신한 몸으로 인도 선교를 떠났고, 가을이 시작되는 9월에 남편이 소천하신 목사님을 뒤이어 담임목사직을 맡게 되었다.

남편과 나는 이십 대 청년 시절에 작은 개척교회였던 우리 교회에 왔고, 인격적으로 주님을 만나고 거듭나 뜨겁게 주님을 사랑하게 되었다. 고운 외모에 카리스마가 넘치던 담임목사님 밑에서 찬양의 뜨거움을 알았고, 말씀의 능력을 깨달으며 기도의 힘을 배웠다.

그리고 '많이 가는 것'보다는 '바르게 가는 것'을 목표로 한 사람 한 사람 정성 들여 목양하는 수고를 배우며 섬길 수 있었다. 때로는 따끔하게 권면해주셔서 야속한 마음이 들 때도 있었지만, 시간이 지나 돌아보니 거룩한 주의 종으로 살아내는 훈련을 해주신 진정한 스승이셨다.

또 우리 부부의 만남을 축복해주셨고, 교회에서 처음으로 결혼식을 올리게 해주셨다. 이후 남편이 신대원에 가도록 지지해주셨고, 당시 전도사였던 그에게 외아들 결혼예배의 주례도 맡겨주셨다.

늘 다음세대를 향한 사명과 사랑을 외치셨던 목사님 옆에서 우리도 같은 꿈을 꾸었고, 목사님을 주님 품으로 보내드리며 그 자리를 이어받았다. 감사하고도 두렵고 떨리는 주님의 큰 그림이, 상상하지도 못했던 그 시간이 불현듯 찾아온 것이다. 폭풍과 같은 시간이 지나고 연말이 되었을 때 비로소 깨달았다.

'이 모든 게 주님이 금식하며 한 해를 시작하게 하신 이유였구나.'

2019년 한 해에 벌어진 이 많은 일을 우리는 미리 알 수도 없었고, 혹 알았더라도 감당할 힘도 없었다. 오직 주님의 크신 은혜로 바람이 불고 파도가 일어도 흔들리지 않는 믿음의 시간을 보낼 수 있었다.

교회에 부으신 금식의 은혜

해가 바뀌고 2020년, 성전으로 임대하여 사용하던 건물이 매매되는 바람에 교회를 이전해야 했다. 작은 건물 지하에서 시작한 교회는 이 건물로 옮겨 십오 년 동안 네 층을 사용하는 교회로 성장했다.

처음에는 청년들만 모이는 교회였는데, 이후 가정을 이룬 청년들의 자녀가 100여 명에 이르렀다. 3층 전체를 모자실로 사용함에도 불구하고 앞으로 태어날 아이들도 많아 공간에 대한 고민을 시작할 즈음이었다. 마침 이전해야 하는 상황이 닥치자 하나님의 사인으로 받았다. 주님이 교회를 새로운 차원으로 인도하시는 것 같았다.

하지만 어디로 가야 할지 두려움이 앞섰다. 우리가 가장 먼저 해야 할 일은 기도였다. 주님 앞에 엎드려 교회를 향한 뜻을 묻고, 어디로 움직여야 할지 인도하심을 구했다. 몇몇 사람 또는 리더뿐만 아니라 전 교인이 이 일로 하나님 앞에 나아가길 소망했다.

우리는 우선 하나님 앞에 온전히 엎드리기로 했다. 전교인 작정기도를 선포하고 금식기도에 동참해주길 요청했다. 70명 넘게 삼 일 금식에 헌신했고, 오 일, 일주일까지 금식한 지체도 있었다. 그 외에도 하루나 이틀, 종일 금식이 어려운 이들은 나눠서 끼니 금식을 하면서 성도 대부분이 금식기도에 참여했다.

심지어 예수님을 믿은 지 두 달밖에 안 된 새신자가 삼 일 금식에 참여하기도 했다. 온 교회에 금식 바람이 불었다. 그것은 하나님께서 부으시는 은혜의 마음이었고, 성령께서 일으키시는 거룩한 바람이었다.

다 같이 금식하며 하나님 앞에 겸비함으로 나아갈 때, 주님께서 교회 이전 문제뿐 아니라 우리의 마음도 돌아보게 하셨다. 전심으로 주님의 얼굴을 구하는 거룩한 마음을 부으셨고, 먼저 그의 나라와 의를 구하고자 하는 사모함을 주셨다. 나아가 교회를 향한 비전과 다음세대를 향한 간절한 기도를 심게 하셨다.

육 개월 동안 매일 밤 10시에 온라인으로 기도회를 중계하며 같은 시간에 성도가 함께 기도했다. 지난 이십여 년 동안 하나님이 교회에 베푸신 수많은 은혜와 역사를 되돌아보는 귀한 시간이었다. 하나님께서는 우리가 변화되어야 할 것과 앞으로 해나가야 할 새로운 비전을 바라보게 하셨다.

또한 각 사람이 내면을 깊이 들여다보고 정결한 그릇으로 나아갈 수 있도록 하심으로, 공동체가 더욱 굳건히 하나 되게 하셨다.

'새곳 위원회'라는 이름 아래 적극적으로 교회 이전을 추진할 팀을 세웠다. 온 교회가 그들을 위해 중보했고, 그들은 발로 뛰고 모여 회의하며 하나님이 예비하신 '새곳'을 찾기 위해 수고해주었다.

또한 구체적인 기도 제목을 기도문으로 만들어 온 교회가 각자의 자리에서, 소그룹으로, 중보 팀으로, 온라인 기도회로 함께 기도했다. 그야말로 온 교회가 전심으로 하나님께 부르짖었다. 오직 주님이 예비하시고 인도하실 새로운 예배 처소를 기대하며 기도로 나아갔다.

그리고 우리와 오랜 시간 하나님 안에서 아름다운 교제를 하고 열방의 교회들을 도우며 동역하는 선교단체의 선교사님들도 교회 이전을 두고 한마음으로 기도해주셨다. 특히 몇몇 선교사님이 깊이 중보하는 가운데 하나님께서 주신 몇 가지 마음을 전해주셨다.

'변화한 곳'이라는 말씀을 주셔서 현재 위치한 서초, 강남 지역에서 찾는 것으로 뜻을 정했다. 처음 이전을 생각할 때는 향후 통일의 때를 고려해 경기 북부권으로 가자는 의견과 가정을 이룬 청년들이 많으니 신도시 지역으로 가자는 의견이 있었다.

그런데 지금처럼 서울 한복판 강남 지역에 있는 것이 우리의 부르심이 아닐까 깊이 생각했다. 마치 다니엘이 바벨론의 중심지인 왕궁에서 자신을 더럽히지 않고 거룩함을 지켜내 하나님의 사람으로 살아낸 것처럼 말이다. 세상 한복판에 있더라도 이 세대를 본받지 않고 하나님의 선하시고 기뻐하시고 온전하신 뜻이 무엇인지 분별하여 거룩한 세대로 살아가며 또 그런 믿음의 다음세대를 길러내는 것이 우리의 부르심이라고 믿게 되었다.

구한 것보다 후히 주시는 분

지역의 경계가 정해지자 사방으로 발품을 팔아야 하는 혼란과 수고가 줄어들었다. 그리고 몇 달 뒤, 선교사님 한 분이 하나님께서 '나무가 많은 숲'을 보여주셨다는 말씀도 전해주셨다.

'번화가에 그런 곳이 있을까?'

이런 우리의 생각과 달리 의외로 도심에 숲 같은 공원이 제법 많았다. 또 선교사님은 주변에 '낮은 개천'이 흐른다는 것과 '아직 조경공사가 끝나지 않았다'는 말씀도 전해주셨다.

그리고 신기하게도 교회 지체 두 명이 꿈에 새곳처럼 보이는 장소를 보았는데, 동일하게 건물이 두 개라고 했다. 예배를 드리고 나와서 교육관 같은 옆 건물로 이동하는 장면을 봤다는 것이다.

또 다른 두 지체의 꿈에는 통유리로 된 건물이 나왔다. 그 중 한 명은 건물 앞에 마당 같은 공간이 있고, 통유리로 된 건물에는 바깥이 훤히 보이는 전망 엘리베이터가 있는 것을 선명하게 보았다고 했다. 엘리베이터를 타고 올라가는데 층마다 아이들로 가득 찼다고도 했다.

'과연 선교사님들이 말해준 키워드와 사람들이 꾼 꿈을 모두 충족하는 곳이 있을까?'

사실 나는 어느 정도는 그저 꿈일 뿐이고, 상징적인 의미일 수도 있겠다고 생각했다. 그런데 부활주일을 앞둔 어느 날, 새곳으로 보이는 장소를 찾은 것 같다는 소식을 듣고 한걸음에 달려갔다.

남편과 나는 그곳을 보는 순간, 몸이 얼어붙는 것 같았다. 모든 것이 문자 그대로 재현된 곳이었다. 8차선 대로변에 자리한 그곳은, 맞은 편에 산이 있고 뒤에는 낮은 개천이 흘렀다. 두 건물이 연결되어 있었는데, 기존 건물 옆에 새로 지어

올린 건물이 통유리로 되어있었다.

신축 건물에는 전망이 훤히 내다보이는 엘리베이터가 들어올 예정이라고 했다. 건물 앞에는 넓은 마당이 있었고, 심지어 건물 주인의 입에서 "아직 조경공사가 안 끝났는데 조만간 끝날 거예요"라는 말이 나왔다.

본당으로 사용할 공간은 층고가 높았으면 해서 3미터 이상이길 기도했는데, 그곳은 6미터 가까이 되었다. 주차 공간은 우리가 구한 것보다 두 배 이상 넓었다. 정말 온몸에 소름이 돋았다. 하나님께서 우리를 위해 예비하신 곳이었다.

우리가 기도할 때 퍼즐 조각을 하나씩 보여주시다가 하나님의 카이로스에 모든 조각이 맞춰진 완성품을 발견하게 하신 것 같았다. 기도를 통해 이 모든 과정을 이끌어오신 하나님이 참으로 놀라웠다. 우리가 기도보다 노력과 수고로만 찾았다면 아마 더 오랜 시간, 많은 혼란과 선택 앞에서 헤맸을지 모른다. 그리고 찾았다고 해도 확신을 갖지 못했을 수 있다.

우리는 바로 임대 계약을 마치고 여름의 문턱에 인테리어 공사를 시작했다. 담당 팀을 조직해서 각자의 달란트와 헌신을 통해 설계하고 회의하며, 주님 뜻대로 재현할 최고의 공간을 만들어갔다. 그리고 무엇보다 함께 모여 뜨겁게 부르짖었다. 온 교회가 기뻐하고 기대하며 기도했다(이 책이 출간될 즈음에는 새 성전에서 예배하고 있지 않을까 기대해본다).

남편은 하나님께서 교회에 부으시는 금식의 은혜를 절감하며 매년 금식으로 하나님 앞에 나아가는 시간을 가져야겠다고 말했다. 새 성전에서도 이런 은혜와 거룩의 바람이 계속되길 사모하는 마음으로….

1 이전에 했던 금식기도는 굶식기도이거나 단식투쟁은 아니었는가?
   하나님이 기뻐하시는 금식을 할 수 있도록 새로운 마음으로
   기도하자.

2 구체적인 금식 계획을 세우고, 금식기도에 도전해보자.

   ex. 0월 0일 - 0월 0일 하루, 이틀, 삼 일 금식 혹은 아침, 저녁 금식

3 공동체와 함께 금식 계획을 세우고 합심해서 기도해보자.

   ex. 함께 계획을 짜서 서로 금식 알람 해주기

CHAPTER 3

기도가
가장 실제적이다

가장 실제적인 해결책

기도 강의를 할 때마다 내가 자주 하는 말이 있다.

"여러분, 기도가 가장 실제적입니다. 믿으세요? 기도는 정말 실제적인 해결책입니다. 이것이 우리 믿는 자에게 필요한 삶의 모토입니다."

내가 기도하며 살아온 지난 시간을 돌아볼 때 온몸으로 경험한 진리이다. 또한 교회 공동체가 경험한 실제 진리이며, 수많은 믿음의 사람이 삶으로 살아내고 고백하는 것이다. 하나님께서 성경 전체를 통해 말씀하신다. 기도가 가장 실제적인 해결책이라고.

내가 진실로 너희에게 이르노니 누구든지 이 산더러 들리어 바다에 던져지라 하며 그 말하는 것이 이루어질 줄 믿고 마음에 의심하지 아니하면 그대로 되리라 그러므로 내가 너희에게 말하노니 무엇이든지 기도하고 구하는 것은 받은 줄로 믿으라 그리하면 너희에게

그대로 되리라 막 11:23,24

산을 향해 "일어나 바다에 빠져라"라고 하면 그대로 된다고 한다. 정말 믿기지 않는 엄청난 일이다. 이 어마어마한 일을 의심하지 말고 이루어질 줄 믿고 구하라고 하신다. 하지만 우리는 이런 '기도의 능력'을 좀처럼 믿지 못한다. 아니, 사실은 하나님이 정말 어떤 분이신지 모르는 게 아닐까.

우리의 기도를 들으시는 분이 누구인가? 하늘과 땅과 바다와 온갖 동식물, 달과 별, 광활한 우주와 인간을 지으시고 다스리시는 전지전능한 하나님이 아니신가. 그 위대하신 하나님께서 친히 들으시고 움직이시는 이유는 '자녀의 기도'가 있기 때문이다.

이 놀라운 기도의 능력을 누릴 수 있는 특권을 우리에게 부여해주신 분이 바로 예수님이시다. 그분이 이렇게 말씀하시는 듯하다.

"얘들아, 우리 하나님 아버지가 얼마나 위대하신 분인지 알고 있니? 기억해. 정신을 차리고 똑바로 봐. 만물을 지으시고 다스리시는 하나님이 너희 아버지이심을! 너희가 기도할 때 그분이 들으시고 응답하신단다. 너희를 무척 사랑하시기 때문이지. 너희에게는 크게 보이는 산일지라도 우주를 지으신 아버지께는 아주 자그마한 언덕일 뿐이야."

마귀도 안다. 예수 그리스도로 인해 하나님의 자녀 된 우리의 기도가 얼마나 대단한지. 그래서 그토록 우리가 기도하지 못하게 막는다. 거짓의 아비인 그가 우리에게 늘 하는 거짓말이 있다.

'기도한다고 뭐가 되니?'

아니, 기도하면 다 된다! 기도하면 하나님이 움직이신다. 만물이 움직인다. 그 비밀을 천사도 마귀도 다 아는데, 정작 그 주인공인 우리가 모른다면 얼마나 통탄할 노릇인가. 말씀 그대로 믿자. 나를 지으시고 구원을 베푸시고 아버지가 되어주셔서 "구하라!"라고 하시는 분이 우리 아버지 하나님이심을 기억하자.

댓글보다 기도

주님께서 친히 우리의 아버지가 되어주셔서 어린아이를 돌보시듯 작은 필요와 기도에도 응답하실 때가 많다. 어느 때는 잠시 스치는 생각처럼 한 기도에도 살뜰히 챙겨주시는 세심함에 깜짝 놀라기도 한다.

얼마 전에 아기 기저귀가 떨어져서 구입할 때가 되었다. 선호하는 제품이 좀 비싸서 할인행사 때 이용하는데, 마침 그 기간이었다. 사은품으로 평소 갖고 싶던 스타일의 가방까지 준다니 기분이 좋았다. 여름에 들고 다니기 편한 가방으로 내가 좋아하는 보라색도 있었다. 그래서 기저귀를 주문하며 댓글을 달았다.

"보라색 가방을 받고 싶습니다."

랜덤 발송이라고 적혀있었지만 댓글을 달면 주지 않을까 하는 마음에 적어봤다. 며칠 뒤, 기저귀가 도착했다. 설레는 마음으로 상자를 열어보았다. 무슨 색이었을까? 안타깝게도 검은색이었다.

'댓글도 소용없구나.'

실망스러웠지만 선물로 받았으니 만족하자며 한쪽에 걸어두었다. 그 후, 다시 기저귀를 사려는데 여전히 행사 중이었다. 주문하며 또 댓글을 달려다가 말았다. 그리고 잠깐 생각하듯 기도했다.

'아버지, 저 보라색 가방을 갖고 싶어요. 보라색이 오게 해주시면 안 될까요? 그런데 아니어도 괜찮아요.'

며칠 뒤에 기저귀가 담긴 상자가 도착했다. 아직 전에 쓰던 기저귀가 조금 남아있기도 하고, 왠지 열어보고 싶지 않아 방한구석에 그대로 밀어두었다. 실은 또 실망하고 싶지 않은 마음에 미뤄둔 거였다. 그렇게 며칠이 지났다. 하루는 그 방에 들어가 다른 볼일을 보는데, 문득 마음에 잔잔한 주님의 음성이 들렸다.

'예일아, 왜 기저귀 상자 안 열어보니?'

'기저귀 상자요? 왜요, 주님?'

주님이 빙그레 웃으시는 것 같았다.

'열어보렴.'

순간 가슴이 두근거렸다. 상자를 열어보니 정말 보라색 가방이 들어있었다. 날아갈 듯 기분이 좋았다. 나도 모르게 소리를 지르고 엉덩이춤을 췄다. 보라색이어서 기쁘기도 했지만 생각처럼 스친 작은 기도, 사소한 것도 외면하지 않고 챙겨주시는 하나님의 사랑이 너무 좋았다. 다른 사람은 몰라도 주님과 나만 아는 애틋한 교제의 증거이기도 해서 더욱 기뻤다.

그날 저녁, 집에 들어온 남편에게 신이 나서 자랑했다. 하나님이 보라색 가방을 주셨다고. 댓글 달아도 안 됐는데, 우리 주님이 주셨다고!

내 기도를 들으시는 분이 누구인가. 우리 하나님 아버지께 랜덤 발송 정도야 식은 죽 먹기 아닌가. 그 주님이 날 얼마나 사랑하시는지, 그 사랑이 가끔 나를 깜짝 놀라게 한다. 어마어마하게 크고 놀라우신 하나님이 우리를 어마어마하게 사랑하신다.

사람이 무엇이기에 주께서 그를 생각하시며 인자가 무엇이기에 주께서 그를 돌보시나이까 시 8:4

남편이 설교 시간에 '기도'에 관한 말씀을 전하며 보라색 가방 간증을 소개했다.

"여러분, 댓글보다 기도입니다!"

웃으며 이 말씀을 전하는데, 내 마음에 다시 한번 깊이 새겨졌다.

"기도가 가장 실제적이다."

대단하고 중요한 기도 제목이 아닐지라도, 내 작은 신음, 작은 생각, 작은 바람도 보듬어 안으시며 응답하시는 아버지 하나님이심을 꼭 기억하자.

하나님이 주신 돌 반지

교회 이전을 앞두고 공동체가 헌금을 하게 되었다. 남편이 우리가 첫 번째로 드리자고 했다. 그래서 그동안 조금씩 모아 놓은 재정을 온전히 드리기로 했다. 우리에게 그것은 옥합이었다. 그것을 깨트려 새로운 성전을 마련하는 데 드렸다.

그리고 얼마 후에 아기 돌이 되었다. 코로나19로 돌잔치를 할 수 없기에, 직계가족만 모여서 작게라도 하고 싶었지만 그마저도 불가능했다. 대신 한복을 입고 돌 사진은 남겼다. 양가 어머님이 돌 선물로 반지나 현금으로 주겠다고 하시자, 남편이 현금으로 받아 아들 이름으로 이전 헌금을 드리자고 했다. 새 성전으로 이전해 장차 다음세대 아이들을 교육할 비전이 있으니, 갈렙이가 다음세대 당사자로서 첫 생일에 하나님 앞에 헌금을 드리는 게 훨씬 의미 있지 않겠냐고 했다.

맞는 말이었다. 늘 먼저 그의 나라와 의를 구하며 주님을 사랑하는 남편의 의견이 멋졌다. 그런데 한편으로 조금 서운한 마음도 들었다.

'십 년 만에 주신 아이인데 돌잔치도 못 하니 반지 하나라도 남겨두면 좋을 것을…'

그렇지만 이내 남편의 말에 동의하고 아들의 이름으로 헌금을 드렸다. 그리고 골방에서 주님께 솔직한 기도를 드렸다.

'아부지, 갈렙이 돌 반지 대신 헌금을 드립니다. 주님께서 주신 자녀이고 주님의 것입니다. 저희 가정에 이 아이를 보내주시고 일 년 동안 건강히 잘 길러주셔서 감사합니다. 그런데 사실 조금 서운해요. 돌잔치도 못 하고 돌 반지도 없어서요. 하지만 더 의미 있게 드릴 수 있어서 감사해요. 제 인간적인 생각은 버리고 온전히 기쁘게 드릴 수 있게 해주세요.'

주님께 솔직히 털어놓으니 한결 마음이 개운했다. 또 아들의 첫 생일을 의미 있게 드릴 수 있어 진심으로 감사했다.

며칠 후, 손기철 장로님이 아들의 돌 선물을 보내오셨다. 이전에 교회에서 '킹덤빌더' 강의를 해주셔서 아들과 함께 인사드린 적이 있었다. 그때 "갈렙이는 양가 모두 할머니만 계세요"라고 말씀드렸더니, 장로님이 할아버지가 되어주겠다고 따뜻하게 말해주셨다.

그런데 갈렙이 돌을 기억하시고 선물을 보내주신 거였다. 편지와 함께 도착한 선물은 다름 아닌 '돌 반지'였다. 코끝이 찡했다. 하나님이 주신 돌 반지였다. 모든 것을 아시는 주님이 장로님을 통해 주신 선물이었다. 헌금도 드리게 해주시고, 돌 반지도 챙겨주셨다.

내 작은 고백에 귀 기울여주시고 따뜻하게 챙겨주시는 하나님, 이런 분이 또 있을까. 이토록 좋으신 아버지의 마음 통로가 되어주신 장로님께도 깊은 감사를 드렸다. 하나님이 우리를 헤아리시는 마음과 그것을 풀어가시는 방법과 섭리가 실로 따스하고 경이롭다. 기도는 이 하나님을 맛볼 수 있는 놀라운 통로이다.

하나님이여 주의 생각이 내게 어찌 그리 보배로우신지요 그 수가 어찌 그리 많은지요 내가 세려고 할지라도 그 수가 모래보다 많도 소이다 내가 깰 때에도 여전히 주와 함께 있나이다 시 139:17,18

가장 좋은 응답

정말 오랜 시간 가장 간절히 간구한 기도가 있었다. 그것은 연기자가 되어 미디어 영역에서 쓰임 받는 것이었다. 초등학교 때부터 키워온 장래 희망으로, 주일학교 시절부터 기도해왔다.

그토록 소망하고 간구해서인지 한국예술종합학교에 진학하게 해주셨고, 기획사에도 소속되게 하셨다. 공연과 방송, 영화도 조금은 경험하게 해주셨다. 또 어쿠스틱 밴드에서 노래하고 앨범도 내게 해주셨다. 하지만 늘 시원하게 문을 열어주시지는 않았다. 여전히 무명의 자리를 벗어나지 못했고, 기도하며 선택한 결과들이 그리 좋지 않았다.

언제부턴가 내가 기를 쓰고 가려고 하는 그 길을 하나님께서 막으신다는 느낌이 들었다. 내가 정말 애타게 부르짖을 때 숨 쉴 구멍 하나씩은 열어주셨지만 지지해주시는 느낌은 받을 수가 없었다.

반면에 사역은 항상 시원하게 문이 열렸다. 섬기고 이끄는 사역마다 열매가 풍성했다. 하나님께서 기뻐하시고 강력하게 지지해주셨다. 남편이 평신도 사역자에서 전임 사역자로 전향하면서 하나님께서 나를 이끄시는 길이 어디인지 더욱 선명하게 보였다.

힘겹게 씨름하는 시간이 있었지만, 나를 지으시고 사랑하시는 주님의 계획과 뜻이 분명 선하시기에 그분을 신뢰하며 따라가기로 마음을 굳혀갔다. 그리고 주의 종으로 불러주신 삶이 진심으로 영광스럽고 감사했다.

지인 중에 하나님의 마음을 녹여낸 이야기로 영화를 만들려는 제작자가 있다. 십 년 정도 알고 지내면서 그가 영화사를 시작할 때부터 함께 예배하고, 그의 첫 영화에 배우로 참여하기도 했다. 수많은 굴곡의 시간을 지나오면서 그와는 기도로 동역하게 되었다.

　그러다 친분이 있는 작가를 그 영화사에 소개하여 시나리오 작업을 하게 했다. 그 역시 내 믿음의 동역자였다. 그래서 영화가 제작되면 나도 배우로 참여하게 되리라는 소망이 있었다. 얼마 전에 오래 기다리던 그 작품이 크랭크인을 앞두고 있다는 소식을 들었다. 그런데 웬일인지 내게는 캐스팅 기회조차 오지 않았다. 얼마나 서운한지 마음에서 전쟁이 일어났다.

　며칠 동안 기도도 잘 나오지 않았다. 그 제작자에게 서운한 마음이 올라왔지만 기도의 자리에 나아가 씨름해야만 했다. 주님을 신뢰하는 나와 화가 난 또 다른 내가 싸우는 내면의 소리가 들렸다. 그래도 오랜 시간 기도하며 싸워온 시간이 있어서였을까. 다행히 주님을 신뢰하는 내 목소리가 더 힘있게 들려왔다.

　'예일아, 왜 그에게 서운해하니? 그도 하나님을 사랑하며 주님의 뜻을 따라가려고 분투하는 사람이잖아. 캐스팅의 기회를 주지 않은 건 그가 아니라 하나님이야. 참새 한 마리도 땅에 떨어지지 않는다는데, 이 역시 하나님의 주권이야. 지금 네게 열어두신 문이 어디니?

네게 맡긴 갈렙에게 집중하는 게 우선순위이고, 사모로서 도와야 할 남편과 섬겨야 할 교회와 성도가 있잖니. 그들이 네게 얼마나 소중하니. 아버지를 신뢰하고 네게 허락하신 자리에서 충성을 다하자. 그리고 온전히 중보하는 자리에 머물러 있자.'

나는 인정할 수밖에 없었다. 하나님이 하시는 일이다. 이 모든 것은 사람이 아니라 그분이 허락하신 일이다.

'그래, 욕심내지 말자. 열어주시지 않은 문에 집착하지 말자. 내게 열린 문으로 들어가자. 그곳이 내가 걸어가야 할 길이며 복된 자리이다.'

이렇게 마음을 다독였다. 모든 것이 하나님의 뜻 안에 있음을 인정하며, 오직 주님의 뜻대로 인도해주시길 간절히 기도했다.

나중에 제작자와 솔직하게 마음을 터놓고 얘기할 기회가 있었다. 어떤 역할에 나를 두고 진지하게 고민했는데, 내게 꼭 맞는 역할인지 확신이 없었다면서 내 서운한 마음을 달래주었다. 내 마음이 상할까 봐 마음 써주는 게 고마웠다. 무엇보다 기도의 자리에서 씨름하며 하나님께 부르짖고 나니 마음이 평안한 것 또한 감사했다.

지금껏 내가 겪어온 하나님 아버지는 어떤 분이신가? 말씀에 기록된 하나님은 어떤 분이신가?

너희 중에 누가 아들이 떡을 달라 하는데 돌을 주며 생선을 달라 하는데 뱀을 줄 사람이 있겠느냐 너희가 악한 자라도 좋은 것으로 자식에게 줄 줄 알거든 하물며 하늘에 계신 너희 아버지께서 구하는 자에게 좋은 것으로 주시지 않겠느냐 마 7:9-11

구하는 자녀에게 좋은 것을 주시는 하나님 아버지이시다. 내가 간구한 것을 받지 못해도, 생각지 못했던 다른 길을 주시더라도 하나님 아버지께서 하셨으니 '최고의 응답'이다.

자녀를 기르면서 더욱 이 말씀에 동의가 된다. 아직 어린 아들은 자신에게 무엇이 가장 좋은지 모른다. 그래서 때론 위험한 것을 달라고 울며 떼를 쓴다. 아무리 울어도 부모는 줄 수가 없다. 대신에 더 좋은 것을 손에 쥐여준다. 그래도 아들은 제 눈에 좋은 걸 달라고 계속 울며 보챈다. 그 모습에서 나를 본다. 주님 앞에서 울며 보채는 어린아이 같은 내 모습을.

이렇게 연약한 나도 아들을 말할 수 없는 사랑으로 대하는데, 하물며 주님은 어떠시겠는가. 때로 우리가 간구하는 기도를 주님이 거절하시는 것 같아도 그것이 '가장 좋은 응답'임을 알기를 바란다.

나보다 나를 더 잘 아시는 하나님 아버지께서 크고 깊은 사랑으로 우리의 기도에 늘 가장 좋은 것으로 응답하신다. 그래서 기도는 가장 실제적인 해결책이며 우리를 가장 좋은 길로 인도하는 최고의 통로이다.

1 기도하기에는 사소하다고 생각한 것이 있는가?
  작은 것이라도 적어보고, 주님 앞에 솔직히 이야기해보자.

2 '기도'보다 '내 힘'으로 해결하려던 게 있다면 적어보고,
  그 문제를 놓고 계속 기도하자.

3 내가 원하는 응답을 받지 못했는가? 하나님으로부터 오는
  응답이 'Best'임을 인정하고 고백하며, 인도하심을 구하는
  기도를 하자.

CHAPTER 4

우리의 생각을
뛰어넘는 응답

무명한 자 같으나 유명한 자

무명한 자 같으나 유명한 자요 죽은 자 같으나 보라 우리가 살아 있고 징계를 받는 자 같으나 죽임을 당하지 아니하고 근심하는 자 같으나 항상 기뻐하고 가난한 자 같으나 많은 사람을 부요하게 하고 아무것도 없는 자 같으나 모든 것을 가진 자로다 고후 6:9,10

바울은 그리스도인이 어떤 존재인지 확실히 알았다. 세상은 돈과 권력이 있어야 원하는 일을 할 수 있고, 사람을 움직일 수 있다고 생각한다. 어느 정도는 그렇게 보이기도 한다. 하지만 진실이 아니다. 하나님의 뜻대로 기도하는 그분의 자녀들이 세상을 움직이고 역사를 만들어간다.

거짓의 아비인 사단은 우리가 무명한 자이고, 죽은 자 같고, 징계받는 자이며, 늘 근심하고, 가난하며, 아무것도 없는 자라고 속인다. 하지만 우리의 실상은 유명한 자요, 살아있고, 항상 기뻐하며, 많은 사람을 부요케 하고, 모든 것을 가진 자이다. 우리는 기도할 수 있고, 그 기도를 들으시는 분이 바로 하나님이시기 때문이다.

> 여호와는 죽이기도 하시고 살리기도 하시며 스올에 내리게도 하시고 거기에서 올리기도 하시는도다 여호와는 가난하게도 하시고 부하게도 하시며 낮추기도 하시고 높이기도 하시는도다 가난한 자를 진토에서 일으키시며 빈궁한 자를 거름더미에서 올리사 귀족들과 함께 앉게 하시며 영광의 자리를 차지하게 하시는도다 땅의 기둥들은 여호와의 것이라 여호와께서 세계를 그것들 위에 세우셨도다 삼상 2:6-8

세계를 움직이는 땅의 기둥들은 다 여호와의 것이다. 주님께서 세계를 쥐고 흔드신다. 그 가운데 높이시고 낮추시며, 가난하게도 부하게도 하시는 주권이 그분께 있다. 물론 이 땅에는 죄가 만연하며 악인들이 존재한다. 그들이 얼핏 형통한 듯 보이기도 하지만, 그 속에서 쭉정이처럼 뽑혀 불에 던져지는 날이 올 것이다. 악인까지도 사용하시는 하나님이시며, 그분의 나라는 지금도 쉬지 않고 세워지고 있다.

바울과 예수님의 제자들은 갇히고, 매 맞고, 헐벗고, 주리고, 핍박받았으나 그들을 통해 귀신이 쫓겨 나가고, 병든 자가 고침을 받고, 눈먼 자가 눈을 뜨고, 매인 자가 자유를 얻으며, 말씀과 복음이 흥왕하여 하나님나라가 확장되었다.

이천 년이 흐른 지금도 복음의 역사는 계속되고 있다. 하나님의 자녀들이 쏘아 올리는 향기로운 기도가 열방에 복음을 실어 나르고 수많은 영혼을 하나님 앞으로 돌아오게 한다. 이것을 원수가 결코 막을 수 없다. 단지 우리의 기도를 빼앗으려고 호시탐탐 노릴 뿐이다. 우리가 기도하지 못하도록, 기도의 능력을 믿지 못하도록.

기도는 위대하다. 우리가 온전히 하나님 안에서, 그분의 말씀 안에서 구할 때 받지 못할 것이 없다. 주님은 오늘도 그분의 사랑에 매여 그분의 선하신 뜻을 구하며 부르짖는 기도자를 찾으신다. 그와 함께 하나님나라를 세워가실 것이며, 다시 오실 예수님의 길을 예비하실 것이다.

너희가 내 안에 거하고 내 말이 너희 안에 거하면 무엇이든지 원하는 대로 구하라 그리하면 이루리라 …
너희가 나를 택한 것이 아니요 내가 너희를 택하여 세웠나니 이는 너희로 가서 열매를 맺게 하고 또 너희 열매가 항상 있게 하여 내 이름으로 아버지께 무엇을 구하든지 다 받게 하려 함이라

요 15:7,16

하나님이 지키신다

매년 여름이면 단기선교 팀장으로 청년들과 함께 인도에 가서 뜨겁게 복음을 전했다. 코로나19로 하늘길이 막혀버린 요즘, 선교지와 그곳의 영혼들이 정말 그립다. 변이 바이러스로 그 땅의 수많은 이가 목숨을 잃었다는 소식을 들으니 가슴이 더 아린다.

결혼한 지 십 년 만에 태의 문이 열린 기적을 만났을 때도 인도 단기선교 모임이 막 시작된 때였다. 예전부터 혹시 임신하면 선교를 어떻게 해야 할지 고민했는데, 가능하면 그 땅을 꼭 밟고 싶었다. 오랫동안 섬겨온 그곳에 아이를 품고 간다면 여러모로 의미 있는 시간이 되리라 믿으며 골방에서 여러 번 기도했다.

'하나님, 태의 문을 열어주신다면 태아와 함께 그 땅을 밟고 싶어요. 엄마가 섬기는 사랑하는 영혼들에게 함께 갈 수 있다면 정말 의미 있는 선교가 되지 않을까요. 그리고 임신과 출산, 육아로 신앙이 약해진 이들에게 도전을 주고, 저도 더 믿음으로 나아가고 싶어요!'

그래서 나는 임신 사실을 알았을 때 고민 없이 선교를 준비했다. 물론 몸이 좀 힘들었지만, 선교를 준비하며 기도하고 예배하며 찬양하는 시간이 최고의 태교가 되었다. 그래서인지 입덧도 거의 없이 편안하게 지나갔다.

함께하는 팀원들도 임신 중에 팀장으로 섬기는 내 모습에 도전을 받는다고 했다. 차마 임산부 팀장 앞에서 힘들다고 불평할 수 없다며 모두가 긍정의 에너지를 보여주었다.

그렇지만 나를 향한 걱정 어린 시선도 있었다. 하나님이 주신 자녀를 안전하게 지키는 것도 중요하지 않냐며 조심스럽게 권면하기도 했다.

산부인과에 정기검진을 받으러 간 날, 의사가 말했다.

"산모님, 이제 안정기에 접어들었으니 가벼운 산책 정도는 해도 좋아요."

순간 소위 '현타'(현실 자각 타임)가 왔다. 제정신이 아니란 말을 들을 것 같아 의사에게 인도 선교를 다녀올 거라는 말은 꺼내지도 못했다. 그런데 그날부터 부쩍 배가 더 뭉치는 것 같고, 두려움이 밀려오기 시작했다.

'하나님의 뜻과 상관없이 내 의로 가려는 건 아닐까? 아이가 무사할까? 유산이라도 되면 어쩌지?'

이런 마음으로는 선교지에 갈 수 없었다. 누군가에게 이 고민을 나누기엔 나 자신이 무책임해 보였다. 무엇보다 하나님의 확실한 응답이 필요했다. 그래서 간절한 마음으로 조용히 기도원에 올랐다. 성전에 앉자마자 눈물이 나왔다. 가난한 심령으로 하나님 앞에 아뢰기 시작했다.

'하나님, 제가 오래전부터 기도해온 것 아시죠? 그런데 이 시기에 인도에 다녀와도 괜찮을까요? 선교 일정을 소화하기가 만만치 않아요. 제 의나 욕심은 아닌지, 혹 아이를 지키지 못할까 봐 너무 두려워요. 어쩌면 좋을까요?'

하나님 앞에서 엉엉 울며 기도했다. 책임감과 두려움, 자책과 아이에게 미안한 마음 등 복잡한 생각과 감정들로 마음이 무너져내렸다. 그렇게 주님 앞에 마음을 토설하며 어린아이처럼 울고 있는데, 주님의 잔잔한 음성이 들리는 것 같았다.

'네가 아기를 지킬 수 있느냐? 아이를 지키는 이가 누구냐? 지금껏 너를 지켜온 이가 누구냐?'

'네…? 아이를 지키시는 분은 당연히 하나님이시죠. 지금까지 저를 지켜주신 분도 하나님 아버지이십니다.'

주님의 질문에 답하면서 회개와 감사가 터져 나왔다. '요게벳의 노래'라는 찬양을 들으며 자녀를 주신다면 그의 참 부모는 하나님이라고 마음 깊이 새겼는데도 내 능력과 열심으로 아이를 지킬 수 있다고 믿고 있었다.

태중에서뿐 아니라 앞으로 아이가 태어나 살아갈 수많은 시간에도 지키시고 키워가실 분은 하나님이심을 다시 한번 마음에 새겼다. 그리고 주님 앞에, 또 나 자신에게 고백했다.

'이 아이의 참 주인은 하나님이십니다. 저는 청지기일 뿐입니다. 우리를 사랑하시고 지키시는 하나님 아버지, 정말 감사

합니다!'

죄송하고 감사한 마음에 눈물이 왈칵 쏟아졌다. 그리고 하나님의 확실한 응답이 느껴졌다.

'네가 인도에 가는 걸 기뻐한다. 염려하지 말고 다녀와라. 내가 너와 함께한다. 아이는 내가 지킨다. 네 태의 문을 연 내가 아이가 자랄 힘도 줄 것이다.'

그날 눈물 콧물 쏟아가며 주님을 깊이 만났다. 내 기도에 귀 기울이시고 응답해주시는 하나님의 은혜가 너무도 커서 말로 다 표현할 수 없었다.

그렇게 나는 임신 13주 차에 인도 단기선교를 떠났다. 하나님께서는 공동체의 여러 지체로부터 중보기도를 받게 해주셨다. 그 기간에 내 꿈을 꿨다는 지체도 많았다. 그래서 더욱 간절한 마음으로 기도했다고 한다. 또 옆에서 나를 살뜰히 챙겨주는 지체도 여럿 붙여주셨다.

선교 기간 내내 사람들의 중보기도가 나를 받쳐주고 있다는 느낌을 실제로 경험했다. 하나님께서 내게 공동체의 사랑을 느끼게 해주신 특별한 선교였다.

무사히 선교를 마치고 돌아온 후, 임신 기간과 아이를 낳고 기르는 동안 이따금 불안이나 욕심이 올라오면 그때의 기억을 떠올린다. 기도원에서 주님과 깊이 만난 시간과 선교 기간에 함께해주셨던 것을 생각하면 마음이 새로워진다. 슬며시 내가 쥐려 했던 주권을 다시 아버지께 드리고, 놓쳐버린 아버지의 은혜와 사랑을 꼭 붙든다.

1 여전히 내 의와 힘과 지혜로 붙들고 있는 문제는 무엇인지
   적어보자.

2 그 문제를 하나님께 맡기는 고백으로 고쳐 써보자.

   ex. 모든 것의 주인은 하나님이십니다. 가장 좋은 길로 인도하시는 주님께
   내 문제를 맡겨드립니다.

PRAYER

ANSWER

LESSONS

2
PART

응답받는
올바른 기도

CHAPTER 1

기억하는 기도
VS
기억하지 않는 기도

은혜를 기억하는 기도

너는 기억하라 네가 애굽 땅에서 종이 되었더니 네 하나님 여호와 가 강한 손과 편 팔로 거기서 너를 인도하여내었나니 신 5:15

이스라엘 백성이 사십 년 광야 생활을 마치고 드디어 약속 하신 언약의 땅 가나안 입성을 목전에 두었을 때, 하나님께서 그의 종 모세를 통해 하신 말씀이다. 여기서 "기억하라"가 핵 심 단어이다.

그들을 애굽에서 인도해내시고, 광야에서 만나를 먹이시고 구름기둥과 불기둥으로 이끄시며, 육신의 사람이 아닌 믿음의 백성으로 기르신 분이 누구인지, 그 세월을 어떻게 이끌어오셨 는지를 기억하라고 하신다. 또 그것을 자녀가 잊지 않도록 누 워있을 때나 일어날 때나 앉아있을 때나 길을 갈 때나 항상 가르치며 강론하라고 말씀하신다. 하나님과 그분이 행하신 일과 사랑과 은혜를 기억하는 게 믿음의 핵심이다.

이것은 기도에도 똑같이 적용된다. 하나님과 그분이 행하신 일을 기억하며 감사하는 기도를 드리는 게 중요하다. 그런데 우리는 주님이 이미 행하신 일은 금세 잊고 새로운 기도 제목을 들고 주님 앞에 나아간다. 과거에 내게 행하신 주님의 은혜를 너무 빨리 잊고 만다.

물론 하루하루 당면하는 새로운 걱정과 염려와 장애물이 많다. 하지만 오병이어의 기적을 맛보고도 바로 돌아서서 떡 걱정을 하는 제자들의 모습이 우리의 모습이 아닌지 돌아봐야 한다(마 16:8).

우리는 기억해야 할 건 쉽게 잊고, 잊어야 할 건 질기게 기억한다. 예수님이 제자들에게 누룩을 주의하라고 하신 건 떡에 대한 게 아니라 그들의 육적인 교훈을 주의하라는 말씀인데, 제자들은 떡을 걱정했다(마 16:12).

_받은 복을 세어보아라

재정훈련을 한창 받을 때였다. 재정의 주인이자 공급자가 하나님이심을 여러 번 경험하고도 어려움 가운데 처하면 '돈 문제' 자체에 짓눌렸다. 그래서 울며 기도했다.

'주님, 또 재정으로 마음이 어렵습니다. 돈 문제로 염려하는 게 지긋지긋합니다.'

기도를 가장한 원망을 늘어놓자 주님이 마음 깊은 곳에서 말씀하셨다.

'딸아, 지금까지 너를 먹이고 입힌 게 누구니? 재정의 어려움을 당할 때마다 내가 공급하여 건져낸 일들은 벌써 잊었니? 그때 했던 감사의 고백은 어디 가고 힘들었던 기억만 붙잡고 있구나.'

오래 참으시는 주님이지만 은혜는 잊은 채 또다시 울먹이며 불평하는 볼멘소리에 주님도 마음이 상하신 듯했다. 죄송한 마음에 눈물이 쏟아졌고, 이내 회개가 터져 나왔다.

'아버지, 제가 정말 죄인 중의 괴수입니다. 큰 은혜를 부어 주셨는데 어쩌면 이리 쉽게 잊어버릴까요. 지옥에 갈 수밖에 없는 인생이 예수님의 귀한 생명을 얻은 것만으로도 갚을 수 없는 은혜를 입은 것인데, 조금만 힘들어도 금세 주님을 원망하고 불평하는 제 모습이 너무 한심하고 싫습니다.'

그때 찬양 한 소절이 떠올랐다.

세상 모든 풍파 너를 흔들어 약한 마음 낙심하게 될 때에
내려주신 주의 복을 세어라 주의 크신 복을 네가 알리라

자그마한 소리로 찬양을 부르기 시작했다. 노래라기보다는 내게 들려주는 훈시의 메시지였다. 뚝뚝 흐르는 눈물과 함

께 머릿속에 주님께서 베푸신 지난날 은혜의 순간들이 필름처럼 지나갔다. 예수님이 내 등을 토닥이며 말씀하시는 듯했다.

'그래, 딸아, 네 연약함을 안다. 너 스스로 해결할 수 있었다면 내가 십자가에 달리지 않았을 거야. 네가 할 수 없으니 널 위해 십자가 길에 올랐지. 이제는 나와 연합하여 살자. 네 정욕과 욕심이 아닌 나를 기억하렴. 내가 언제나 너와 함께한다는 걸.'

불평하는 나 때문에 마음이 상하신 인격적인 주님께서 내 마음을 어루만져 주셨다. 그날 골방에서 주님이 베푸신 은혜와 받은 복을 세어보며 다시 감사와 기쁨이 회복되는 귀한 시간을 오래도록 누렸다.

신실하게 역사하신 주님의 은혜는 늘 쉽게 잊어버리고, 어려움을 만날 때마다 원망과 불평을 한 이스라엘 백성이 나였다. 하나님께서는 광야 생활을 통해 이스라엘이 누구의 백성이며, 그들 삶의 주인이 누구인지 알게 하셨다. 그들을 먹이고 입히시되 본능에만 끌려 사는 육신과 정욕의 사람이 아닌, 거룩하신 하나님께 속한 백성임을 가르치길 원하셨다.

무엇보다 그들과 함께하시는 하나님의 존재 자체가 그들의 살 이유임을 기억하길 바라셨다. 하지만 그들은 오감으로 느껴지는 문제와 상황에만 집중할 뿐 믿음의 눈이 끝내 열리지 않았다. 오직 여호수아와 갈렙만이 믿음의 눈을 들어 주님을 바라보았고, 나머지는 결국 광야에서 사망했다.

같은 광야 한가운데 있었으나, 하나님과 그분의 언약을 기억하는 자와 잊어야 하는 고통에만 짓눌린 자의 결말은 너무나 달랐다. 그리고 그들이 기억하는 대로 이루어졌다.

기도의 자리에 나아와 '새로운 기도 제목'이라며 지난날 베푸신 크신 은혜는 다 잊어버리고 또다시 염려와 걱정, 원망과 불평을 은근히 늘어놓지는 않는가? 크신 주님은 잊은 채 문제에 붙잡혀 짓눌리지는 않는가?

잠시 그 기도를 멈추고 내게 베푸신 주님의 은혜를 기억하자. 크고 놀라우신 주님을 바라보자. 사랑의 주님을 깊이 되새기며 감사를 곱씹자. 그리고 입술을 열어 받은 은혜를 고백하며 주님께 감사와 찬양을 올려드리자. 그 은혜의 기억이 오늘 기도응답이 되어줄 것이다.

_기억하고 감사하기

개인의 영역뿐 아니라 나라와 민족을 위해 중보할 때 자주 떠오르는 말씀 또한 '기억하라'이다. 대한민국이 어떤 나라였는가. 숱한 외세의 침략을 받으며 고통으로 신음하던 민족이었다. 불과 백 년 전만 해도 지독히 가난하고 우상숭배에 찌

들어 소망이 없던 폐허의 땅에, 소위 '한강의 기적'이 이루어졌다. 또한 많은 개발도상국이 닮고 싶은 나라, 제법 부유하고 위상 있는 국가가 되었다.

정말 거짓말 같은 기적이 이 땅과 민족 가운데 일어났다. 어둠으로 뒤덮여 아무것도 보이지 않던 땅에 하나님께서 선교사들의 마음에 소망을 부어 믿음의 눈으로 기도를 심고 일구게 하셨다. 헐벗고 비천한 우리를 주님께서 그분의 손과 발이 되어 싸매고 먹이고 돌보는 수많은 종을 통해 회복시키셨다. 그래서 '은총의 땅'이 되었다.

그들의 많은 눈물과 순교의 피가 흘러 한국은 국제원조를 받는 나라에서 주는 나라로 변신한 유일무이한 국가가 되었다. 더 놀라운 건, 인구 대비 가장 많은 선교사를 파송하는 선교국이 된 것이다. 우리가 뭐라고 이런 은혜를 베푸셨을까.

그런 한량없는 은혜로 일어난 우리이건만 돈을 사랑하며 세상 성공을 추구하고, 불의를 일삼으며 하나님으로부터 점점 멀어져 소금의 짠맛과 빛을 잃고 쓴 열매들을 내놓기도 했다.

출애굽을 경험한 이스라엘 백성들이 사사시대를 지나며 하나님을 잊고, 자기 소견에 옳은 대로 살다가 종국에는 하나님의 백성다운 모습을 잃어버린 채 멸망하는 최후를 우리가 답습할까 두렵다. 또한 그들이 바벨론 포로 생활을 거쳐 귀환하여 하나님의 율법책을 낭독할 때, 다시 하나님을 기억하고 그분의 언약과 하신 일들을 돌아보며 통곡하는 모습을 떠올려 본다.

성경에 기록된 이스라엘의 역사가 오늘날 우리나라를 비추는 거울이 되어, 이 나라와 민족에게 행하신 크고 놀라운 일들을 기억하길 원한다. 그 은혜에 감사하고, 받은 은혜에 합당하게 살지 못한 죄를 자복하며 주님 앞에 나아가면 좋겠다.

올해 3월 1일은 월요일이었다(사역자 가정인 우리는 월요일에 쉰다). 아이가 태어난 뒤로는 아이가 좋아할 만한 곳으로 나들이를 가곤 하는데, 이날은 아쿠아리움에 갔다.

아이가 태어나고 처음 데려간 수족관 구경이 꽤 재미있었다. 아장아장 걷기 시작한 아이를 따라다니느라 진땀을 뺐지만 그 모습이 너무 예뻐서 힘든 줄도 몰랐다. 그런데 집에 돌아오는 길에 한 교회 지체로부터 연락을 받았다. 삼일절에 관한 말씀과 기도문이었다. 나는 아차 싶었다.

'그래, 오늘이 삼일절이지.'

갑자기 숙연한 마음이 들었다. 그날 밤은 내가 교회에서 '10시 골방기도회'를 인도할 차례였다(코로나19 이후 한동안 밤 10시에 30분간 온라인으로 기도회를 중계했다). 그래서 삼일절에 관한 말씀을 나누었다.

"오늘은 삼일절입니다. 저도 잊고 있었는데 우연히 전달받은 말씀과 기도문을 읽으며 오늘을 기억해야 한다는 걸 깨달았어요. 그리고 무엇보다 하나님께 감사해야 한다는 걸 알았습니다.

목숨 걸고 대한독립 만세를 외쳤던 선조들이 지금 이 땅을 본다면 얼마나 놀랄까요. 독립이 되어 풍요와 번영을 누리며 열방 가운데 우뚝 선 모습을 보면 얼마나 감동할까요. 이 축복은 누구로부터 온 걸까요? 선조들의 피맺힌 절규를 들으신 하나님께서 이 나라와 민족에게 베푸신 큰 은혜가 아닌가요!

우리 민족은 정말 하나님이 아니고서는 설명되지 않는 기적을 경험했습니다. 그래서 오늘은 하나님께서 진정 찬양을 받으셔야 하는 날입니다. 그런데 과연 누가 이것을 기억하며 감사하나요. 우리는 은혜를 기억하며 감사와 감격의 영광을 그분께 올려드려야 합니다.

지금 온 마음으로 주님께 손들고 감사하다고 고백합시다. 그리고 자녀 세대가 이를 기억하는 믿음의 세대로 자라도록 기도합시다."

기도할 때 마음 깊은 곳에서부터 주체할 수 없는 눈물이 터져 나왔다. 성령 하나님께서 부어주시는 마음이었다. 기도회를 마친 후에도 좀처럼 여운이 가시질 않았다. 그래서 남편에게 말했다. 내년부터는 삼일절의 은혜를 기억하며 감사할 수 있는 곳을 방문해서 아이에게도 이를 가르쳐주면 좋겠다고.

오직 너는 스스로 삼가며 네 마음을 힘써 지키라 그리하여 네가 눈으로 본 그 일을 잊어버리지 말라 네가 생존하는 날 동안에 그 일들이 네 마음에서 떠나지 않도록 조심하라 너는 그 일들을 네 아들들과 네 손자들에게 알게 하라 신 4:9

이 땅에 행하신 하나님의 크신 은혜들을 기억해 그에 합당한 백성으로 마음을 새롭게 하며, 그분이 기뻐하시는 일을 따라가는 믿음의 세대가 일어나길 간절히 기도한다.

당신들은 주님만을 두려워하며, 마음을 다 바쳐서 진실하게 그분만을 섬기십시오. 주님께서 당신들을 생각하시고 얼마나 놀라운 일들을 하셨는가를 기억하십시오. 삼상 12:24, 새번역

이전 일을 기억하지 않는 기도

너희는 이전 일을 기억하지 말며 옛날 일을 생각하지 말라 보라 내가 새 일을 행하리니 이제 나타낼 것이라 너희가 그것을 알지 못하겠느냐 반드시 내가 광야에 길을 사막에 강을 내리니 사 43:18,19

한 지체와 한 시간 정도 상담을 하다가 답답한 마음에 내

목소리가 높아졌다.

"그만! 그 얘기는 이제 그만하는 게 좋겠어. 하나님께서 하실 일을 아무리 얘기해줘도 너는 계속 지난 일만 반복해서 말하고 있잖아. 그 기억에 온통 네 시선을 파묻은 채 귀를 틀어막기로 작정한 사람 같아."

그 지체는 과거의 기억에 사로잡혀 어떤 위로나 권면도 듣지 않았다. 물론 충격이 컸던 경험일수록 벗어나기가 쉽지 않다. 그래서 내적 치유와 같은 깊은 내면의 터치가 필요하기도 하다.

하지만 아집과 고집으로 질기게 붙잡고 있는 경우도 꽤 있다. 혹은 감사와 기쁨은 쉽게 잊어버리고, 정작 털어버려야 할 기억만 붙드는 부정적 습관을 지닌 이들도 있다. 이런 경우는 반드시 회개와 자기부인이 있어야 한다. 그리고 부정적 체질을 감사의 체질로 바꿔야 한다.

교회 공동체 안에서 똑같은 일을 경험해도 어떤 기억을 간직하느냐에 따라 다른 열매를 맺는 모습을 종종 보게 된다. 단기선교를 같이 다녀온 두 지체가 있었다. 둘 다 힘든 상황과 은혜를 경험하고 돌아왔다.

그런데 시간이 흘러 한 지체는 힘든 기억보다는 은혜의 순간을 기억하며 그에 따른 열매들을 삶에 맺어가며 다음 해 선교비를 모으고 있었다. 반면에 다른 한 지체는 고생하고 힘들었던 것만 기억하며 다시 현실이라는 일상에 쫓겨 단기선교는 한 번의 경험만으로도 충분하다고 말하는 걸 보았다(물론 개인의 기질과 성향에 따라 다르게 느낄 수 있다).

그들 외에도 항상 감사의 기억들로 믿음이 점점 자라는 지체가 있는가 하면, 은혜를 맛보는 순간만 잠깐 반짝일 뿐 다시 무기력한 모습으로 돌아가 제자리걸음인 지체도 있다. 이 차이는 무엇을 기억하고, 무엇을 기억하지 않는가에 달려있다고 생각한다.

우리의 죄 된 본성인 육이 호소하는 부정적 생각과 염려를 붙잡을 것인가 아니면 주님이 행하신 감사의 기억과 말씀을 기억할 것인가.

"나는 원래 기질이 긍정적이지 않아요. 의심과 염려가 많아요"라고 답하는 이도 있을지 모르겠다. 하지만 언제까지 기질과 성향을 내세울 것인가. 우리는 예수 그리스도 안에서 새로운 피조물이다. 부정적인 기억을 붙드는 자기를 부인하는 것이 맞다.

그리고 예수님의 보혈로 새로워진 피조물답게 거룩한 습관을 길러야 한다. 부정적 자아가 주장하는 육적인 기도에 붙들리지 말고 기억해야 할 것을 기억하고, 잘라내야 할 기억은 과감히 버리는 기도를 해보자.

기도를 바꿔보고 싶다면 《기도시작반》에서 언급한 '찬양기도'와 '말씀(암송)기도' 방법을 추천한다. 기도의 자리에서 나도 모르게 쏟아져 나오는 부정적 기억을 찬양으로 올려드리며 말씀을 기억하는 것이다. 특히 말씀암송이 특효약이다. 말씀이 좌우에 날 선 검이 되어 버려야 할 기억들은 잘라내고 기억해야 할 주님의 말씀들은 상기시켜줄 것이다.

또 기도 노트에 기록하며 점검해봐도 좋다. 기도의 자리에 앉아 머릿속에 떠오르는 생각이 과연 기억해야 할 것과 기억하지 말아야 할 것 중 무엇으로 가득 차있는지를 살펴보라. 의외로 목록에서 지워야 할 것이 눈에 많이 띌 것이다.

과거의 상처, 현실이라는 필터로 보이는 염려, 일어나지도 않은 미래에 대한 근심, 이웃의 부정적이고 따가운 말들, 미디어에서 본 잔상을 과감히 지우고 말씀과 감사의 기억으로 채워 넣자.

결혼 전에 배우자를 위해 기도할 때, 기도 목록이 스무 개도 넘게 노트를 가득 채웠다. 부끄럽지만 대부분 내 육적인 욕심과 취향에서 나온 것이었다. 그 제목들을 붙들고 기도할 때는 사실 말이 기도지, 거의 내 생각을 묵상하는 시간이었다. 그래서 기도하면서도 기대가 되기보다는 한껏 욕심이 부풀어 오르거나 근심이 앞섰다.

하루는 성령께서 내 배우자 기도를 인도해주시길 구하며 기도의 자리로 나아갔다. 그러자 내가 어떻게 주님을 인격적으로 만났고, 그분을 통해 어떤 삶으로 변화되었는지를 기억하게 하셨다. 또한 참으로 기쁨과 평안을 누릴 때가 언제인지 생각하게 하셨다.

그러면서 미래의 배우자 역시 주님을 온전히 주인으로 모시고, 그 안에서 참 평안과 자유를 누리는 사람이길 바라는 기도가 나왔다. 주님께서 주신 사명을 함께 바라보며 달려갈 수 있는 최고의 동역자를 구하는 마음이 일어났다. 그래서 많은 기도 제목을 지우고 수정했다. 기억해야 할 것은 기억하고, 버려야 할 것을 버리는 감사한 시간이었다.

또 지난 기억으로 정죄감에 시달릴 때도 있다. 기도의 자리에 나아가서도 과거의 실패로 인한 죄책감에 붙잡혀 있는가? 암초에 걸려 방향을 잃은 배처럼 과거의 기억만 맴돈다면, 우리를 참소하며 넘어뜨리려는 원수의 덫에 걸린 것이다.

물론 우리가 회개해야 할 죄의 문제도 분명히 있다. 하지만 여러 번 회개했고, 하나님도 기억하지 않으시는 걸 곱씹으며 붙들려 있는 건 결코 주님이 기뻐하시는 기도가 아니기에 과감히 버려야 한다. 원수가 미혹하는 기억에 붙들려 정작 기억해야 할 것은 놓치는 오류를 범하지 말자.

당신의 기도는 '기억하는 기도'와 '기억하지 않는 기도' 중 어디에 가까운가? 부디 기억해야 할 건 기억하고, 잊어야 할 건 과감히 잊기를 바란다.

1 내가 지워야 할 기억은 무엇인가? 하나님께서 기뻐하시지 않는,
   원수가 떠오르게 하는 기억을 종이에 따로 써보자.

2 그런 기억을 예수님의 이름으로 거부하라.
   그것과 내가 상관없음을 선포하며 기록한 종이를 버려라.

3 지난날 하나님께서 베푸신 은혜와 감사한 건 무엇인가?
   그것을 적어보고 하나님께 감사 고백을 올려드리자.
   찬송가 429장 〈세상 모든 풍파 너를 흔들어〉를 불러보라.

CHAPTER 2

기도를 막는
어둠의 습관 버리기

나쁜 습관 허물기

좋은 습관을 만들려면 그것을 허무는 나쁜 습관부터 다스리는 것도 지혜로운 방법이다. 만약 한 시간 기도훈련은 힘들게 하면서 미디어를 두 시간씩 본다면 기도 시간의 은혜가 무색할 것이다. 마치 원수가 "그래, 기도해라. 이따 밤에 음란 영상으로 널 유혹해서 다 무너뜨려 주마!"라고 전략을 짜놓고 대기하고 있을 테니 말이다.

실제로 나도 기도훈련을 하는 동안 많이 넘어졌다. 기도하기 싫어하는 자아와 씨름하며 한 시간 기도를 겨우 마쳤다. 그런데 습관처럼 보는 미디어에서 연예 뉴스에 올라온 드라마 관련 기사를 무심코 클릭했다가 제대로 낚였다. 처음에는 드라마의 한 장면을 보여주는 짧은 영상을 한두 개만 보려고 했는데, 어느새 한 시간 넘게 보고 있는 나를 발견했다. 그리고 그 드라마에 푹 빠져 종영할 때까지 시청했다.

드라마 속의 감정과 잔상이 기도하는 영성을 육적인 생각으로 끌어내렸다. 원수는 우리의 약점을 어찌나 잘 아는지 틈을 내주면 그 기회를 기가 막히게 잡아버린다. 성경도 마귀에게 틈을 주지 말라고 확실히 경고한다(엡 4:27).

대부분 가정의 거실 중앙에 TV가 놓여있다. 누가 봐도 일반적이고 당연한 배치이다. 그런데 가만히 생각해보면 하나님의 거룩한 가정, 그것도 온 가족이 모이는 가장 중앙에 그것이 있다. 그리고 온 가족이 모여서 쉬는 시간에 시청한다.

한때 TV를 없애고 그 자리에 책상을 두거나 서재로 꾸미는 가정이 많이 생겼다. 그런데 코로나19를 겪으며 온라인 예배를 큰 화면으로 드리기 위해 다시 TV를 설치할지 고민이라는 얘기를 들었다.

우리 가정도 신혼 초에 거실이 작아서 침실에 벽걸이형 TV를 달았다. 즐겨보는 편은 아니었지만, 가끔 마음에 드는 드라마나 예능 프로그램이 있으면 집중해서 시청했다. 그러면 영적으로 가라앉는 기분이 들었고, 꿈자리가 사납거나 뒤숭숭하기도 했다.

그래서 한번은 TV를 보지 않겠다는 나름의 결심으로 리모컨 배터리를 교체하지 않았다. 리모컨이 되지 않으니 TV를 켤 일도 없었다. 그런데 소낙비가 요란하게 내리치던 어느 날, 거실에 있는데 안방에서 TV 소리가 들렸다. 깜짝 놀라 방으로 들어갔더니 번개로 잠깐 정전이 되었다가 전기가 들어와 저절로 켜진 거였다. 그래서 리모컨에 다시 배터리를 넣고 끌 수밖에 없었다. 마침 전날 장을 보면서 배터리를 사다 놓았는데, 이 또한 우연이었을까? 발끝에서부터 소름이 돋았다.

'아, 눈에 보이지 않는 악한 영이 다시금 TV를 보는 환경으로 유혹하고 있구나.'

그 후 우리는 TV를 버리기로 합의했다. 굳이 집안에 두고 씨름할 필요가 없다고 생각했다. 그리고 그 자리에 앞서 말한 예수님 그림을 걸었다. 삶의 작은 변화였지만 내 내면세계에서는 제법 큰 물결이 일었다. 그림을 볼 때마다 원수가 호시탐탐 비집고 들어오려는 틈새를 차단하고, 성령께서 함께하시는 삶의 공간으로 내어드린 기분이 들었다.

그 외에도 차로 이동하거나 집에서 요리하고 쉼을 누릴 때에도 되도록 기독교 방송이나 CCM을 틀어놓는다. 성경을 낭독해주는 앱을 이용해 말씀을 듣기도 한다. 침대 옆에는 말씀 암송을 할 수 있는 작은 카드를 두고 아침에 말씀을 읊조리며 자리에서 일어나기도 한다.

물론 늘 손에 있는 스마트폰과의 싸움은 아직 남아있다. 주위에 인터넷이 되지 않는 2G폰으로 과감히 바꾸는 지체들도 보았는데, 불편함을 감수하고서라도 틈을 내어주지 않기 위해 결단하는 그들이 참 용기 있고 멋있어 보였다.

우리 교회에서는 몇 달에 한 번씩 리더들을 대상으로 미디어 금식을 한다. 직장에서 꼭 해야 하는 업무나 사역을 위한 활동을 제외하고 하루에 미디어를 접하는 시간이 십 분을 넘지 않도록 훈련한다. 사실 무척 어렵다. 음식을 먹지 않는 금식보다 더 힘들게 느껴진다. 우리가 얼마나 미디어에 중독되었는지 금단현상을 겪으며 깨닫게 된다.

하지만 힘들어도 미디어 금식을 통해 영이 강건해짐을 느낀다. 별생각 없이 미디어를 뒤적이며 쏟아버린 시간을 주님 안에서 의미 있는 시간으로 바꿀 수 있다.

온라인쇼핑 중독, SNS 중독, 게임 중독, 음란물 중독 등 수많은 미디어에 중독된 줄도 모르고 당신의 시간을 빼앗기지는 않는가. 기도의 삶을 세우기 위한 고군분투 속에 정리해야 할 방해물을 치우는 수고를 함께한다면 기도의 삶을 세우기가 훨씬 더 수월할 것이다.

범사에 헤아려 좋은 것을 취하고 악은 어떤 모양이라도 버리라

살전 5:21,22

지금 과감히 정리하고 치워버려야 할 나쁜 육적 습관은 무엇인가? 오늘부터 하나씩 제거해보자.

삭개오와 부자 청년

우리가 빛의 자녀로 살려면 어둠에 속한 것들을 과감히 버려야 한다. 그것이 빛이 임한 자의 마땅한 삶의 열매이기 때문이다. 복음서에 등장하는 삭개오는 세리장으로 돈을 매우 사랑하는 사람이었다. 사람들은 그에게 손가락질하며, 돈을 위해 로마에 빌붙어 사는 매국노라고 무시했다.

하지만 예수님이 그에게 찾아오셨다. 삭개오의 이름을 부르시며 그의 집에 들어가 함께 식탁 교제를 나누셨다. 죄인인 자신을 찾아오신 예수님을 만난 삭개오의 삶이 돈에 붙잡혀 살던 어둠의 인생에서 빛의 인생으로 바뀌었다. 그는 예수님이 요구하시지도 않았는데 스스로 결단하며 고백한다.

> 삭개오가 서서 주께 여짜오되 주여 보시옵소서 내 소유의 절반을 가난한 자들에게 주겠사오며 만일 누구의 것을 속여 빼앗은 일이 있으면 네 갑절이나 갚겠나이다 예수께서 이르시되 오늘 구원이 이 집에 이르렀으니 이 사람도 아브라함의 자손임이로다 눅 19:8,9

그의 인생에 진리이신 예수님이 오시니 그가 이전에 행하던 어둠의 일을 과감히 버렸다. 반면에 부자 청년은 스스로 계명을 잘 지키는 의로운 자라 여겼지만, 중심을 보시는 예수님은 물질을 의지하며 탐하는 그에게 그것을 버리라고 하셨다. 하지만 그는 근심하며 떠나갔다.

삭개오와 부자 청년의 첫인상은 각각 죄인과 의인처럼 보이지만, 결국 예수님과의 만남을 통해 죄인은 의인으로 거듭나고, 의인 같던 부자 청년은 죄인임이 드러난 채 근심하며 돌아선다(마 19:16-22).

버려야 할 '관계'도 있다. 술을 끊고자 하면서도 술자리를 즐기는 친구들과의 관계를 정리하지 못해 매번 넘어지는 경우를 본다. 물론 죄인과 의인으로 나누어 인간관계를 모조리 정리하라는 말이 아니다. 우리가 섬겨야 할 영혼들이 있지만 그로 인해 내가 죄에 번번이 넘어진다면 그 관계는 끊어내야 한다.

유다의 여호사밧 왕은 하나님이 기뻐하시는 의로운 왕이었으나 아합의 아들 여호람과의 사귐은 주님께서 기뻐하시는 관계가 아니었다. 여호람이 모압과의 전쟁에 여호사밧 왕도 참전하기를 권하는데, 사실 그 자리는 그가 있어야 할 자리가 아니었다. 하나님께서 기뻐하시지 않는 자리였다.

하나님께서 그에게 긍휼을 베푸시지만 하마터면 목숨을 잃을 뻔한 큰 위기를 겪는다. 하나님의 종 엘리사도 이렇게 말했다.

엘리사가 이스라엘 왕에게 이르되 내가 당신과 무슨 상관이 있나이까 당신의 부친의 선지자들과 당신의 모친의 선지자들에게로 가소서 하니 이스라엘 왕이 그에게 이르되 그렇지 아니하니이다 여호와께서 이 세 왕을 불러 모아 모압의 손에 넘기려 하시나이다 하니라 엘리사가 이르되 내가 섬기는 만군의 여호와께서 살아계심을 두고 맹세하노니 내가 만일 유다의 왕 여호사밧의 얼굴을 봄이 아니면 그 앞에서 당신을 향하지도 아니하고 보지도 아니하였으리이다 왕하 3:13,14

하나님이 기뻐하시지 않는 관계를 내 의와 고집으로 유지하면서 경건의 삶을 무너뜨리지는 않는가? 기도의 삶을 세우겠다고 하면서도 어둠의 습관과 관계를 여전히 부여잡고 있지는 않은지 생각해봐야 한다.

너희는 믿지 않는 자와 멍에를 함께 메지 말라 의와 불법이 어찌 함께하며 빛과 어둠이 어찌 사귀며 그리스도와 벨리알이 어찌 조화되며 믿는 자와 믿지 않는 자가 어찌 상관하며 고후 6:14,15

빛과 어둠이 사귈 수 없으며 하나님의 성전과 우상이 함께 있을 수 없다. 기도의 삶을 살겠다면서 죄의 습관, 기뻐하시지 않는 관계, 마음속 우상을 여전히 삶에 허용한다면 기도의 열매를 맺기는 어려울 것이다.

이제 모두 과감히 내어버리자. 그리고 죄와 싸우자. 기도의 삶을 세우는 훈련과 함께 어둠의 습관을 끊어내고 도려내는 분투를 하길 응원한다.

1 버려야 할 거룩하지 않은 습관은 무엇인가?
   먼저 그것을 회개하는 기도를 하자.

2 그것을 미워하고 버릴 수 있는 거룩한 마음을 부어주시도록
   기도하라.

3 거룩한 새 습관을 생각하고 결단해보자. 그것을 적어보고
   살아낼 수 있도록 하나님께 도우심을 구하며 기도하자.

CHAPTER 3

말씀과 찬양으로
드리는 기도

기도가 막힐 때

《기도시작반》에서 말씀기도와 찬양기도에 대해 다뤘는데, 여러 번 강조해도 지나치지 않은 좋은 기도이기에 좀 더 자세히 살펴보려고 한다.

많은 경우, 명확한 기도 제목이 없으면 기도의 자리에 나아가지 않거나 바빠서 기도하지 못한다고 한다. 또 기도응답으로 주님의 음성이 들리지 않아 답답함을 토로하기도 한다.

이때 '말씀과 찬양의 기도'만큼 좋은 게 없다. 아침에 눈을 떠서, 출퇴근하는 지하철이나 버스 안에서, 운전할 때, 잠들기 전, 언제든 할 수 있는 기도이기 때문이다. 매 순간 말씀과 찬양 속에서 살 때 하나님의 음성을 듣는 은혜를 누릴 수도 있다.

삶에서 기도를 놓치지 않으려는 사모함으로 말씀과 찬양을 가까이하라. 그렇게 붙든 말씀 한 구절, 찬양 한 소절이 하루, 이틀, 일 년, 이 년, 십 년이 쌓이면 어느덧 당신은 기도의 사람이 되어있을 것이다.

말씀으로 기도하기

말씀은 하나님의 능력이며 사랑이다. 말씀이 곧 주님이시다. 말씀이 살아있다는 진리를 믿는다면 어떻게든 말씀을 붙들어야 한다. 그런데 말씀과 기도를 분리해서 생각하는 경우가 있다. 물론 말씀을 집중적으로 읽고 묵상하는 시간과 따로 골방에서 기도하는 시간 모두 필요하다.

하지만 말씀을 묵상하는 가운데 자연스레 기도가 터져 나오고, 기도 가운데 말씀을 붙들고 하나님과 깊은 교제로 들어갈 때가 많다. 그래서 동전의 앞면과 뒷면처럼 말씀과 기도도 떼려야 뗄 수 없는 관계이다.

주의 말씀은 내 발에 등이요 내 길에 빛이니이다 시 119:105

때로는 기도한다고 하면서 내가 원하는 것이나 중요하다고 생각하는 것, 또는 걱정이나 염려에 사로잡혀 그 문제에만 갇혀버릴 수 있다. 그것이 우상일 수도 있고, 정욕과 욕심에서 기인한 것이거나 원수의 공격일 수도 있다. 그런데 말씀의 빛을 비추지 않으면 잘 모른다.

기도한다고 하면서 실상은 문제에 갇혀 헤매고 고집부리며 실족하는 꼴이다. 그러다 보니 기도해도 하나님의 뜻을 모르고, 하나님의 음성이 도통 들리지 않는다. 답답한 마음에 기도를 부정적으로 생각하며 아예 기도를 그만두는 지경까지 이를 수 있다.

그때 잠시 생각을 멈추고 말씀을 붙들자. 말씀은 내 발에 등이 되어 내가 지금 어디에 있는지 알려준다. 말씀의 등이 비추었을 때, 내 영적 상태의 현주소가 깨달아진다. 잔뜩 꼬여 버린 마음과 머릿속에 말씀의 빛을 비추는 것이다. 그 빛이 우리를 다시 바른길로 갈 수 있도록 방향을 잡아주고, 가야 할 길로 되돌려놓을 것이다. 말씀이 우리를 올바른 길로 이끈다.

부목사로 작은 교회를 섬기던 친정어머니가 얼마 전에 은퇴하셨다. 아버지가 소천하신 후, 오랜 세월 힘겹게 목회자로 살아오셨다. 때론 억척스러울 만큼 씩씩하던 어머니가 요즘 부쩍 약해지셨다.

어느 날 통화를 하는데 어머니가 은퇴 후 쇠약해진 몸과 여러 가지 생각들로 우울함을 토로하셨다. 나는 그런 이야기를 듣고 있는 게 힘들었다. 연약하게만 느껴지는 그 고백이 실망스러웠다. 그래서 어머니가 믿음의 고백을 하실 수 있도록 조언을 가장한 날카로운 말을 하고 말았다. 어머니는 무척 서운해하셨고, 대화가 오가는 중에 언성이 높아지며 서로 마음이 상했다.

전화를 끊고 나자 눈물이 쏟아졌다. 말로 표현할 수 없을 만큼 마음과 생각이 엉망진창이었다. 나는 하나님 앞에 쏟아내기 시작했다.

'어머니가 왜 저러실까요? 왜 우울한 생각을 많이 하시는 걸까요?'

주님께 어머니의 이런저런 면이 잘못되지 않았느냐고, 내가 옳지 않냐고 따지듯 말하며 속상하고 화가 난다고 털어놓았다. 주님은 그저 가만히 들으시는 것 같았다. 나도 할 말을 잃고 눈물만 주르륵 쏟았다. 그런데 가만히 머릿속으로 말씀을 더듬자 떠오르는 말씀이 있었다.

"네 부모를 공경하라"(출 20:12).

말씀의 등이 나를 비추었고, 내 마음과 생각과 행동을 돌아보게 했다.

'나는 부모를 공경하는 자인가? 어머니를 향해 판단자로만 서있지 않았는가? 어머니의 어떠함을 판단하고 정죄하기 전에, 나는 이 말씀 앞에 순종하는 자인가?'

나 역시 부족하고 순종하지 않는 자임을 인정하게 되었다. 그러자 이런 마음이 들었다.

'어머니의 지친 마음을 그저 듣고 공감해드려도 위로가 됐을 텐데, 어찌 그리 인색했을까!'

그때 어머니에게서 문자가 왔다.

'기도하는 딸이라고 기대는 마음에 너무 힘든 모습만 보여

준 게 미안하구나. 감사하며 긍정적으로 사는 엄마가 될게.'

얼마나 부끄럽고 죄송한지 눈물을 쏟다가 다시 말씀을 붙들고 기도했다. 비록 그 후로도 어머니에게 또 잔소리를 늘어놓긴 했지만, 말씀의 빛으로 마음을 고쳐먹기를 반복하며 변화되어가고 있다.

_말씀 깔때기

《왕의 재정》의 저자 김미진 간사님이 교회에 초청 강사로 오신 적이 있다. 재정에 관해 명쾌하고 은혜로운 말씀을 전해주셔서 전 교인이 믿음의 삶에 대한 큰 도전을 받았다. 그중 우리의 생각을 지켜야 믿음을 지킬 수 있으니 '말씀 깔때기'를 장착하라고 한 말씀이 가장 인상 깊었다. 빌립보서 4장 8절 말씀이 그 깔때기 역할을 해줄 거라고 하셨다.

끝으로 형제들아 무엇에든지 참되며 무엇에든지 경건하며 무엇에든지 옳으며 무엇에든지 정결하며 무엇에든지 사랑받을 만하며 무엇에든지 칭찬받을 만하며 무슨 덕이 있든지 무슨 기림이 있든지 이것들을 생각하라

어떤 생각이 들어올 때 그것이 '무엇에든지 참되며 경건하며 옳으며 정결하며 사랑받을 만하며 칭찬받을 만하며 덕이나

기림이 있는지'를 분별하라는 말씀이다. 그 생각을 말씀의 깔때기로 걸러내 버릴 건 과감히 버리고, 남길 건 잘 간직해서 주님 뜻대로 열매 맺는 삶을 살아야 한다는 것이다.

역시 말씀의 빛이 버려야 할 것과 심어야 할 것을 인도해주신다. 나도 이 말씀의 깔때기를 장착하고자 한동안 빌립보서 말씀을 포스트잇에 써서 눈에 띄는 곳마다 붙여두었다. 그리고 수시로 말씀을 붙들고 기도했다. 그때마다 말씀이 등이 되어 크고 작은 삶의 문제를 해결하게 해주었다.

아이를 키우며 예전만큼 골방에서 충분한 시간을 들여 기도하지는 못하지만 그 시간을 내기 위해 고군분투하며 씨름한다. 어떻게든 틈틈이 주님을 붙들고자 수시로 하는 틈새기도 중 하나가 말씀기도이다.

자투리 시간에 포스트잇에 적어둔 말씀을 읊조리며 말씀의 등을 비추어 말씀 깔때기로 걸러내는 작업을 한다. 꽤 효과가 좋다. 비록 짧은 시간이지만 하나님의 말씀이 내 머리를 비추는 순간, 말씀이 일하기 시작한다.

여러 가지 생각과 감정으로 엉켜있던 머릿속을 빠른 속도로 정리해준다. 그 순간에 회개가 일어나기도 하고, 감사가 넘치며, 지친 마음이 회복된다.

하루는 남편과 교회의 여러 사역에 대해 이야기를 나누었다. 그런데 남편의 얼굴빛이 좋지 않았다. 하나님의 뜻대로 사역이 잘 풀리고, 성도가 은혜를 누리며 성장할 수 있도록 잘 결정하고 돕는 일에 무거운 책임감과 두려움으로 근심이 쌓인 것이었다.

남편은 나와 많이 다른 사람이다. 매사에 긍정적이고 급히 행동에 옮기는, 두려움보다 사랑의 하나님을 더 친숙하게 여기는 나와 달리, 무척 신중하고 하나님을 두려워할 줄 아는 경외심이 깊은 사람이다. 그러다 보니 교회의 크고 작은 일 앞에 신중함과 경외심이 올라와 때론 그 무게에 압도될 때가 있다.

무거운 짐을 진 가장의 쓸쓸한 뒷모습을 보는 것 같아 안쓰러운 마음이 들었다. 그래서 잠시 마음속으로 기도했다.

'주님, 돕는 배필로서 제가 뭘 할 수 있을까요?'

그때 주님이 번뜩 떠오르게 하신 말씀이 있었다. 남편이 담임 목회를 시작할 즈음 하나님께서 주신 여호수아서 1장 9절 말씀이었다.

내가 네게 명령한 것이 아니냐 강하고 담대하라 두려워하지 말며 놀라지 말라 네가 어디로 가든지 네 하나님 여호와가 너와 함께하느니라 하시니라 나는 남편에게 상기시켜주었다.

"여보, 주님이 강하고 담대하고 두려워하지 말라고 하셨잖아. 큰 목소리로 세 번 외쳐봐!"

남편이 크게 세 번 외쳤다.

"강하고 담대하라! 두려워하지 말라! 네 하나님 여호와가 너와 함께하느니라!"

그러자 거짓말처럼 얼굴이 밝아졌다. 그가 빙그레 웃으며 말했다.

"여보, 말씀을 세 번 외치니까 정말 믿음이 부어지네!"

우리는 함께 웃었다. 남편을 누르고 있던 마음의 부담이 가벼워졌다. 이 말씀과 함께 우리에게 주신 마태복음 말씀이 있었다.

"이는 내 멍에는 쉽고 내 짐은 가벼움이라 하시니라"(마 11:30).

주님은 정말 말씀대로 쉽고 가벼운 멍에가 되도록 어려움의 고비마다 우리를 신실하게 도우셨다.

하나님의 말씀은 살아서 우리의 영과 혼과 골수를 찔러 쪼갠다. 생각과 마음에 등을 비추고, 정과 욕심, 원수의 생각들을 물리치며 하나님의 마음을 심어준다. 우리가 가야 할 인생길을 비춰주고, 힘들 때 등을 토닥이며, 주님의 뜻으로 이끌어간다.

혹시 길을 잃고 헤매고 있는가? 말씀을 붙들고 기도하자. 운전을 하다가 길을 잃으면 내비게이션이 길을 찾아주듯이 주님의 말씀이 다시 하나님의 길로 당신을 이끌어가실 것이다.

찬양으로 기도하기

어느 날 골방기도를 하는데 문득 한 찬양이 떠올랐다.

"나의 노래가 되시는 하나님을 내가 종일토록 찬양함은 그가 나를 사랑하시기 때문에…."

뇌성마비 장애인 송명희 시인이 지은 〈나의 하나님께 영광을 돌리리라〉라는 찬양이다. 주일학교 성가대에서 솔로를 맡아 부른 기억이 있는데, 그때는 사람들에게 잘 보이고 싶어서 열심히 불렀었다. 그런데 세월이 많이 흘렀는데도 신기하게 가사가 다 생각났다.

그날 이 찬양을 열 번은 부른 것 같다. 얼마나 주옥같은 가사인지 한 소절 한 소절이 마음을 건드렸다. 시인의 상황을 알아서인지 더욱 감동이 일었다. 그녀가 살아계신 하나님을 만나서 누린 사랑을 고백한 찬송시여서 듣는 우리의 마음에도 울림을 주는 듯했다. 이후 이 곡은 내 골방기도 십팔번이 되었다.

하루는 몸이 고되어 아이가 낮잠 자는 시간에 옆에 같이 누웠다. 그대로 자고 싶었지만 내 영이 굶주려 있다는 생각에 힘겹게 몸을 일으켜 세웠다. 서재에서 기도하려고 앉았는데 피로감에 입술조차 떼지지 않았다.

그때 이 찬양이 생각났다. 마치 성령께서 내 어깨를 감싸 안으시며 이렇게 말씀하시는 것 같았다.

'예일아, 십팔번 곡 있잖니? 불러보렴.'

그래서 천천히 입을 열어 부르기 시작했다. 얼마나 주옥같은 가사인지, 부를 때마다 신기하게 은혜의 바람이 불어와 잠들어 있는 날 깨워 주님의 얼굴을 바라보게 했다.

울먹이며 찬양을 부르는데 많은 말을 하지 않아도 충분히 주님과 대화하는 것 같았다. 육아로 지친 영혼이 살아나고, 하나님의 생기가 돌며, 다시 힘을 내어 맡겨주신 자녀를 사랑으로 돌볼 에너지가 충전되었다.

어디 이 찬양뿐이겠는가. 무수한 찬양이 우리를 은혜의 자리로 인도해준다. 찬양의 힘은 실로 놀랍다. 우리의 굳어있던 마음을 녹이고 닫혀있던 하늘 문을 열어준다. 바울과 실라의 이야기가 증거이다. 캄캄한 밤, 깊은 옥에 갇힌 바울과 실라가 찬양을 올려드릴 때, 옥터가 흔들리고 매인 것이 벗어지는 놀라운 하나님의 역사가 일어났다.

이에 갑자기 큰 지진이 나서 옥터가 움직이고 문이 곧 다 열리며 모

든 사람의 매인 것이 다 벗어진지라 _행 16:26

이스라엘의 초대 왕 사울은 어땠는가. 하나님이 부리시는 악령이 들어 번민함으로 괴로운 그에게 어린 다윗이 수금을 타며 찬양하자 악령이 떠나갔다. 양 떼를 돌보는 들판에서 하나님을 찬양하던 소년 다윗의 찬양이 가장 높은 위치에 있지만 악한 영에 시달리던 사울 왕을 치유한 것이다.

하나님께서 부리시는 악령이 사울에게 이를 때에 다윗이 수금을 들고 와서 손으로 탄즉 사울이 상쾌하여 낫고 악령이 그에게서 떠나더라 삼상 16:23

하나님을 가까이하는 자는 늘 찬양한다. 찬양을 통해 그분과 더 가까워진다. 원수는 하나님을 찬양하는 자를 멀리하고, 찬양은 원수를 내쫓는다. 다윗의 인생은 늘 찬양하는 삶이었다. 시편의 무수한 찬송시가 이를 증명한다. 그는 기쁘고 슬프고 감사하고 두려운 상황 속에서 찬양하며 하나님을 붙들었다. 기도가 그의 찬양이 되어 주님께 향기로 올려지며, 주님이 흠향하사 다윗의 모든 삶에 응답하며 동행해주셨다.

_시편의 은혜

나는 가끔 마음이 답답하고 기도가 나오지 않으면 시편 말씀을 펼친다. 모든 삶에 하나님을 붙든 다윗의 노래와도 같은 시들이 내 마음을 대변해준다. 소리 내어 읽다 보면 크신 주님을 다시 바라보게 된다.

나를 속이고 괴롭히고 유혹하던 원수가 떠나가고, 크고 놀랍고 사랑이 무한하시고 좋으신 하나님을 바라보게 된다. 시편에는 하나님의 성품을 찬양하는 시들이 무척 많다. 말씀을 읽다 보면 내 마음에도 찬양이 일어나고, 여러 상황과 생각에 함몰된 자신을 객관적으로 보게 된다.

당신도 다음 시편 말씀을 소리 내어 읽어보면 좋겠다.

여호와는 나의 사랑이시요 나의 요새이시요

나의 산성이시요 나를 건지시는 이시요

나의 방패이시니 내가 그에게 피하였고 …

여호와여 사람이 무엇이기에 주께서 그를 알아주시며

인생이 무엇이기에 그를 생각하시나이까

사람은 헛것 같고 그의 날은 지나가는

그림자 같으니이다 …

하나님이여 내가 주께 새 노래로 노래하며

열 줄 비파로 주를 찬양하리이다

시 144:2-4,9

왕이신 나의 하나님이여 내가 주를 높이고

영원히 주의 이름을 송축하리이다

내가 날마다 주를 송축하며

영원히 주의 이름을 송축하리이다

여호와는 위대하시니 크게 찬양할 것이라

그의 위대하심을 측량하지 못하리로다 …

여호와는 은혜로우시며 긍휼이 많으시며

노하기를 더디 하시며 인자하심이 크시도다

여호와께서는 모든 것을 선대하시며

그 지으신 모든 것에 긍휼을 베푸시는도다 …

여호와께서는 모든 넘어지는 자들을 붙드시며

비굴한 자들을 일으키시는도다 …

여호와께서는 자기에게 간구하는 모든 자 곧

진실하게 간구하는 모든 자에게 가까이하시는도다

시 145:1-3,8,9,14,18

할렐루야 내 영혼아 여호와를 찬양하라

나의 생전에 여호와를 찬양하며

나의 평생에 내 하나님을 찬송하리로다

귀인들을 의지하지 말며

도울 힘이 없는 인생도 의지하지 말지니

그의 호흡이 끊어지면 흙으로 돌아가서

그날에 그의 생각이 소멸하리로다

야곱의 하나님을 자기의 도움으로 삼으며

여호와 자기 하나님에게

자기의 소망을 두는 자는 복이 있도다

여호와는 천지와 바다와 그중의 만물을 지으시며

영원히 진실함을 지키시며

억눌린 사람들을 위해 정의로 심판하시며

주린 자들에게 먹을 것을 주시는 이시로다

여호와께서는 갇힌 자들에게 자유를 주시는도다

여호와께서 맹인들의 눈을 여시며

여호와께서 비굴한 자들을 일으키시며

여호와께서 의인들을 사랑하시며

여호와께서 나그네들을 보호하시며

고아와 과부를 붙드시고 악인들의 길은 굽게 하시는도다

시온아 여호와는 영원히 다스리시고

네 하나님은 대대로 통치하시리로다 할렐루야

시 146:1-10

내가 간구하는 날에 주께서 응답하시고

내 영혼에 힘을 주어 나를 강하게 하셨나이다 …

내가 환난 중에 다닐지라도 주께서 나를 살아나게 하시고

주의 손을 펴사 내 원수들의 분노를 막으시며

주의 오른손이 나를 구원하시리이다

시 138:3,7

'하나님의 마음에 합한 자'라는 칭호를 얻은 다윗처럼 우리도 인생의 굴곡마다 찬양을 올려드리는 주님의 마음에 합한 기도자가 되길 소망한다.

_어린아이처럼 부르는 찬양

아들을 기르면서 자연스레 어린이 찬양을 많이 듣는다. 조금 유치할 거라는 예상과 달리 가사에서 은혜를 받을 때가 많다. 다음은 《임마누엘 최고의 하루》에 수록된 '아침 축복 기도송'의 가사로 요한삼서 1장 2절 말씀을 인용해 만든 곡이다.

굿모닝 상쾌한 아침, 새로운 하루를 주신 하나님

신나고 재밌는 하루로 모든 만남 축복하소서

사랑하는 (자여) 네 영혼이 잘됨같이

네가 범사에 잘되고 강건하기를 내가 간구하노라

'(자여)' 자리에 아이의 이름을 넣어 불러보라고 되어있기에 한동안 아침마다 아이의 이름을 불러가며 이 노래를 불러주었다. 그러면서 정말 요한삼서 말씀의 축복이 흘러가는 것을 느꼈다. 어떤 날은 이 찬양을 아이에게 불러주다가 울컥해서 눈물이 나오기도 했다. 나에게도 하나님의 복을 상기시켜주는 찬양과 말씀이 되었다.

또 아침에 눈을 뜨자마자 찬양으로 하루를 시작하는 것이 아이에게 심어줄 좋은 경건의 습관이 될 것 같았다. 나중에 아이가 자라 스스로 일어날 때도, 먼저 하나님께 찬양함으로 하루를 시작하면 얼마나 좋을까.

요즘은 아이가 걷고 움직이기 시작하면서 아침에 일어나면 찬양을 틀고 손뼉을 치며 춤도 춘다. 아이도 즐거워하고, 하루의 육아를 시작하는 내게도 큰 힘이 된다.

'주님, 오늘 하루도 힘을 주세요! 주님을 의지합니다. 주님 뜻대로 맡기신 자녀를 청지기로서 사랑과 지혜로 잘 양육하도록 붙들어 주세요.'

물론 매일 그런 건 아니다. 어떤 날은 아이가 일어나 우는 소리에 달래기 바쁘고, 일찍 아이를 데리고 외출하느라 분주하기도 하다. 또 컨디션이 좋지 않아 찬양하고 싶지 않을 때도 있다.

그러면 찬양으로 힘차게 아침을 열던 날과 확실히 차이가

난다. 그날이 통째로 사라진 듯한 느낌을 받을 때도 있다. 하루의 시작을 두고 내 안에서 전쟁이 일어나지만 찬양으로 선점하고자 매일 씨름한다.

하루는 스피커에서 들려오는 어린이 찬양 가사가 귀에 쏙 들어왔다.

삥삥삥삥 병아리는 알고 있나 봐
하나님의 은혜가 얼마나 큰지
하하하하 하나님 감사합니다
물 한 모금 물고도 하늘을 보네

귀여운 아이의 목소리로 경쾌하게 부르는 가사가 마음을 울렸다. 고된 육신을 부여잡고 힘없이 아침을 시작한 날이었다. 소위 '영혼 없이' 집안일을 하고, 아이 밥을 먹이고, 아이가 노는 걸 지켜보다가 들은 노래였다.

병아리가 물 한 모금 물고도 하늘을 보며 "하나님, 감사합니다"라고 고백하다니! 어떻게 이런 묵상을 할 수 있을까. 이 가사가 나를 부끄럽게 만들었다. 내게도 병아리처럼 범사에 하나님을 바라고픈 마음이 일어나며 막혀있던 하늘 문이 열렸다. 그리고 회개와 감사의 고백이 흘러나왔다.

어린이와 젖먹이들까지도 그 입술로 주님의 위엄을 찬양합니다.

시 8:2, 새번역

지금 하늘 문이 막혀있는가? 눈을 들어 주님을 바라보라. 그리고 입술을 열어 찬양하라. 막혔던 하늘 문이 열리고 얼어붙었던 마음이 사르르 녹아내릴 것이다.

1 기도 제목 대신에 말씀을 소리 내어 선포하고 기도해보자.

2 말씀을 깊이 묵상하며 기도하는 시간을 갖자.

3 본문의 시편 말씀을 소리 내어 읽으며 기도하자.

4 기도 골방에서 부르고 싶은 찬양이 있는가?
   찬양 가사가 나의 고백이 되도록 소리 내어 불러보라.

어둠을 분별하는
영의 기도

실재하는 영의 세계

키아누 리브스 주연의 영화 〈매트릭스〉를 보았는가? 나는 1편을 보고 깜짝 놀랐다. 마치 영적 세계를 아는 사람이 이해하기 쉽게 영화적 표현으로 해석해놓은 듯했다. 하지만 영화의 마지막 편은 좀 위험해 보였다. 영적 세계 위에 결국 진리가 아닌 거짓을 포장해서 보여주는 것 같았기 때문이다. 그래도 눈에 보이는 세계와 그 이면에 실제로 존재하는 세계에 대한 표현이 영적 세계를 이해하는 데 도움이 되었다.

육신의 눈으로는 볼 수 없지만 악한 영들은 존재한다. 천사도 존재하며 하나님과 성령님도 살아계신다. 바람이 어디서 불어와 어디로 가는지 보이지 않지만 느낄 수 있듯이 우리는 영적 세계를 분명히 느낄 수 있고, 그 영향을 받는다.

바람이 임의로 불매 네가 그 소리는 들어도 어디서 와서 어디로 가는지 알지 못하나니 성령으로 난 사람도 다 그러하니라 요 3:8

그것은 우리가 영적 존재이기 때문이다. 하나님이 영이시기에 우리도 그렇게 만드셨다. 성경은 영적 세계에 대해 말한다.

우리의 씨름은 혈과 육을 상대하는 것이 아니요 통치자들과 권세들과 이 어둠의 세상 주관자들과 하늘에 있는 악의 영들을 상대함이라 엡 6:12

반대로 악한 영들은 우리가 이것을 모르기를 원한다. 그래서 '문화'라는 이름으로 이념, 철학, 가치, 지식, 감정, 관계 등 갖가지 가면을 쓴 채 친숙하고 근사하고 자연스럽게 다가와 사람들에게 영향력을 행사한다.

이것은 이상한 일이 아니니라 사단도 자기를 광명의 천사로 가장하나니 고후 11:14

결국 그들의 목적은 하나님과 하나님의 말씀을 대적하는 것이다. 우리가 그것을 분별하지 못하는 사이에 우리와 하나님의 관계를 병들게 하며 점점 멀어지게 한다. 따라서 영적 세계를 바르게 이해하고 분별하며 영의 기도를 할 수 있어야 한다.

배후의 영

너는 바벨론 왕에 대하여 이 노래를 지어 이르기를 압제하던 자가 어찌 그리 그쳤으며 강포한 성이 어찌 그리 폐하였는고 …
너 아침의 아들 계명성이여 어찌 그리 하늘에서 떨어졌으며 너 열국을 엎은 자여 어찌 그리 땅에 찍혔는고 네가 네 마음에 이르기를 내가 하늘에 올라 하나님의 뭇별 위에 내 자리를 높이리라 내가 북극 집회의 산 위에 앉으리라 가장 높은 구름에 올라가 지극히 높은 이와 같아지리라 하는도다 그러나 이제 네가 스올 곧 구덩이 맨 밑에 떨어짐을 당하리로다 사 14:4, 12-15

하나님께서 이사야 선지자에게 바벨론 멸망에 대해 말씀하신 구절이다. 바벨론 왕에 대한 심판의 메시지가 사단에 대한 심판으로 흐르는 것이 흥미롭다. 12절 "아침의 아들 계명성이여"를 영어성경 KJV에서 찾아보면 사단의 이름 '루시퍼'(Lucifer)가 언급된다.

에스겔서에서도 두로 왕에 대한 메시지가 사단을 향한 메시지로 흐르는 것을 볼 수 있다(겔 28:2-15). 바벨론 왕과 두로 왕을 향한 말씀으로 시작되었으나 사단을 향한 심판의 말씀으로 이어지면서 그들 배후에 역사하는 악한 영을 향한 메시지임을 알 수 있다. 두 왕의 욕망과 뜻에 의한 치리로 끝나는 게 아니라 하나님을 대적하는 사단이 그들을 배후에서 이끄는 것이다.

사단은 나라를 다스리는 권세를 가진 왕을 통해 하나님나라와 그 백성을 짓밟으려고 한다. 그래서 하나님께서 선지자를 통해 왕들뿐 아니라 그 뒤에 있는 사단의 계략을 밝히고 심판하실 것을 선포하신다.

실제로 우리가 기도로 싸울 때 공중에서는 치열한 전쟁이 일어난다. 다니엘서에서 그 생생한 현장을 엿볼 수 있다.

바사 왕 고레스 제삼년에 한 일이 벨드사살이라 이름한 다니엘에게 나타났는데 그 일이 참되니 곧 큰 전쟁에 관한 것이라 다니엘이 그 일을 분명히 알았고 그 환상을 깨달으니라 그때에 나 다니엘이 세 이레 동안을 슬퍼하며 세 이레가 차기까지 좋은 떡을 먹지 아니하며 고기와 포도주를 입에 대지 아니하며 또 기름을 바르지 아니하니라 …

한 손이 있어 나를 어루만지기로 내가 떨었더니 그가 내 무릎과 손바닥이 땅에 닿게 일으키고 내게 이르되 큰 은총을 받은 사람 다니엘아 내가 네게 이르는 말을 깨닫고 일어서라 내가 네게 보내심을 받았느니라 하더라 그가 내게 이 말을 한 후에 내가 떨며 일어서니 그가 내게 이르되 다니엘아 두려워하지 말라 네가 깨달으려 하여 네 하나님 앞에 스스로 겸비하게 하기로 결심하던 첫날부터 네 말이 응답받았으므로 내가 네 말로 말미암아 왔느니라 그런데 바사 왕국의 군주가 이십일 일 동안 나를 막았으므로 내가 거기 바사 왕국의 왕들과 함께 머물러있더니 가장 높은 군주 중 하나인 미가엘이 와서 나를 도와주므로 이제 내가 마지막 날에 네 백성이 당할 일을 네게 깨닫게 하러 왔노라 단 10:1-3,10-14

다니엘은 큰 전쟁이 일어날 것을 기도하는 가운데 깨닫고 금식하며 기도에 힘쓴다. 그가 기도를 시작한 첫날, 하나님께서 기도에 응답하셔서 사자를 보내신다. 그런데 "바사 왕국의 군주가 이십일 일 동안 나를 막았으므로 내가 거기 바사 왕국의 왕들과 함께 머물러있더니"(단 10:13)라고 말한다.

실제 바사 왕국의 왕들이 하나님의 사자를 막은 것일까? 아닐 것이다. 이는 그들 배후에 역사하는 악한 영에 대한 언급이다. 공중에서 그 싸움이 치열했고, 그 시각 땅에 있는 다니엘은 금식과 기도로 싸웠다.

그러자 천사장 미가엘이 출동하여 싸움을 도와 결국 승리하여 하나님의 사자가 응답을 들고 다니엘을 찾아왔다. 만약 그 기간에 그가 금식과 기도로 싸우지 않았다면 하나님의 사자는 결국 공중에서 악한 영에게 막혀 하나님의 응답을 가져올 수 없었을 것이다.

많은 영혼을 하나님께로 돌이키게 하고, 그분의 뜻이 부어지는 기도에는 강력한 영적 전쟁이 따른다. 그래서 치열한 기도와 인내의 시간이 필요하다. 다니엘을 찾아갔던 하나님의 사자가 우리에게도 반드시 오리라 믿는다.

사단이 숭배받는 날

오늘날 악한 영이 '문화'라는 가면을 쓴 채 우리 삶 깊숙이 들어와 있다. 너무 많아서 다 언급하기도 어렵지만, 그중 날로 유행하는 핼러윈(halloween) 문화를 이야기해 보려고 한다.

언제부턴가 핼러윈 데이가 대대적인 행사로 자리매김하고 있다. 어린아이들이 다니는 유치원부터 영어학원, 초중고, 각종 미디어에서 이날을 기념한다. 10월이면 음식점과 각종 상점에서 관련 마케팅에 열을 올린다.

핼러윈은 켈트족의 전통축제 '사윈'(Samhain)에서 시작되었다. 그들은 한 해의 마지막 날에 음식을 준비해 죽음의 신에게 제의(祭儀)를 올림으로써 죽은 이들의 혼을 달래고 악령을 내쫓았다고 한다. 이때 악령에게 해를 받을까 두려워 자신을 같은 악령으로 착각하도록 기괴한 모습으로 꾸미는 풍습이 있었는데, 이것이 핼러윈 분장문화의 원형이다.

죽음의 신에게 제사를 지내고 악령들의 모양을 흉내 내는 문화는 결코 단순히 재미로 즐길 거리가 아니다. 성경은 "악은 어떤 모양이라도 버리라"(살전 5:22)라고 말씀한다. 거룩하신 하나님의 형상으로 지음 받았고, 그분의 성전인 우리가 악한 영의 형상을 흉내 내는 건 하나님에 대한 모독이며 원수가 좋아하는 일이다.

실제로 미국의 사단 숭배자였던 존 라미레즈(John Ramirez)는 핼러윈 데이를 기념하는 것을 강력하게 경고했다. 그는 사단의 계략을 면밀하게 알고, 그것을 행하던 악명 높은 주술가였다. 그런데 그가 뉴욕의 타임스퀘어교회 데이비드 윌커슨(David Wilkerson) 목사님에게 제자훈련을 받고, 극적으로 예수님을 만나 새 삶으로 거듭난 후에는 어둠의 세계를 폭로하며 예수 그리스도의 이름을 찬양하는 간증자가 되었다.

그는 핼러윈 데이는 실제로 사단이 경배를 받으며, 그 위력이 더욱 강력해지는 날이라고 경고했다. 귀신 분장을 하고 그날을 기념하는 게 얼마나 위험하고 어리석은 일인지 분명히 말했다.

사람들이 즐기는 친숙한 문화처럼 가장해 사단이 배후에서 경배를 받는 것이다. 또 이는 사람들을 하나님으로부터 멀어지게 만든다. 한 개인과 가정, 기업, 교육 현장에서 어린아이부터 젊은 세대, 온 나라와 민족이 하나님 앞에 우상숭배의 죄를 범하며 어둠의 영들에게 문을 열어주게 된다.

우리나라도 해를 거듭할수록 핼러윈 문화가 자리잡고 있

다. 그저 웃고 즐기며 넘길 일이 아니다. 배후에 숨은 어둠의 계략을 분별하며 기도로 싸우고, 실제로 끊어내야 한다.

집 근처 카페에서 잠시 일한 적이 있었다. 사장님은 젊고 성실한 목사님의 아들이었다. 그는 늘 사람들에게 친절하게 말을 건네며 미소로 대했다.

하루는 카페에 출근했는데 매장 한쪽에 호박 그림이 그려진 사탕이 잔뜩 쌓여있었다. 사장님은 다음 날이 핼러윈 데이라서 손님들에게 소소한 이벤트로 나눠줄 계획이라고 했다. 그러면서 내게 사탕을 나눠주라고 했다. 손님을 섬기려는 그의 마음의 동기는 좋았지만, 핼러윈 데이를 영적으로 분별치 못한 결과였다.

그렇다고 그 자리에서 바로 말을 꺼내기는 쉽지 않았다.

'눈 딱 감고 그냥 나눠줄까? 손님을 기쁘게 하려는 거니 모른 척 넘어갈까?'

하지만 내 양심이 가만히 있지 않았다. 기원과 의미를 분명히 아는데 침묵하는 건 하나님 앞에 범죄하는 일이었다. 주위 지체들에게 이 일에 대해 나누며 중보기도를 요청하고, 나 역시 하나님 앞에 기도했다. 그리고 저녁에 사장님에게 메시지를 보냈다.

존 라미레즈의 간증 영상 링크를 첨부하여 핼러윈의 기원을 말하면서 손님을 위해 좋은 마음으로 준비한 것이지만 하지 않는 게 좋겠다고 진심을 담아 전했다. 그는 흔쾌히 당장 버리겠다고 했고, 미처 알지 못했다며 고맙다는 답을 보내왔다.

우리는 이 세상의 빛과 소금이다(마 5:13-16). 하나님을 대적하는 원수의 궤계를 조용히 지켜보고만 있어서는 안 된다. 배후에서 움직이는 어둠의 영을 분별하며 기도로 싸우고, 그것을 몰아내는 일을 실제 삶의 현장에서 행할 수 있어야 한다.

이런 악을 행하지 말라

동성애가 '인권'이라는 이름으로 과잉보호를 받는 요즘, 관련 법안이 국회 상정을 두고 치열한 공방을 벌이고 있다. 크리스천 중에도 동성애자를 긍휼히 여기며 보호해야 한다고 목소리를 높이는 이들이 있다.

물론 우리는 그들을 사랑하고, 그들을 위해 기도해야 한다. 하나님의 자녀로 그분의 사랑 안에 거하도록 품어야 한다. 하지만 동성애는 분명히 죄다. 죄에서 벗어날 수 있도록 그들을 도와야 한다.

그와 같이 남자들도 순리대로 여자 쓰기를 버리고 서로 향하여 음욕이 불 일 듯하매 남자가 남자와 더불어 부끄러운 일을 행하여 그들의 그릇됨에 상당한 보응을 그들 자신이 받았느니라 롬 1:27

동성애 관련 법안을 통과시키려는 세력 뒤에 있는 어둠의 영을 분별할 수 있어야 한다. 법치국가에 사는 우리에게는 어떤 법이 제정되느냐가 무척 중요하다. 법을 통해 사단은 진리를 외치는 입을 틀어막으려고 한다. 죄의 기준을 모호하게 흐트러뜨려 많은 이를 진리로부터 멀어지게 하고, 교회를 약화시키려 한다.

죄를 죄라고 선포할 수 없는 교회는 진리의 빛을 잃기 쉽다. 세상과 타협한 유럽의 교회들을 보면 정말 안타깝다. 인간이 만든 어그러진 선의 기준이 법의 힘을 받아 진리인 양 힘을 행사한다. 교회들은 진리를 모호하게 읊조리고, 다음세대들은 떠나고 백발의 노인들만 남아 예배당을 지키고 있다.

소돔의 악을 보고 "내 형제들아 이런 악을 행하지 말라"(창 19:7)라고 힘없이 외치던 롯의 모습이 떠오른다. 소돔 백성들이 노소를 막론하고 원근에서 다 모여 롯을 찾아온 천사들과 집단 동성애를 할 테니 당장 그들을 내놓으라고 외치는 장면이 사실 믿기지 않는다(창 19:4,5). 아브라함의 간곡한 중보기도가 있었음에도 결국 의인 열 명을 찾지 못해 진멸당한 소돔 성을 생각하면 몹시 씁쓸하다.

마지막 때를 살아가는 우리에게도 이런 세상이 도래할까? 미디어에 비친 가수들의 모습이 과거에 비해 과도한 노출과 선정적인 몸짓으로 빠르게 변화하는 것만 봐도 불가능한 일은 아닐 것 같다. 내 자녀가 성인이 되었을 때는 또 어떤 모습으로 변해있을까.

진화론이 학교에서 배우는 이론 중 하나라서 굳이 아이에게 교정해줄 필요가 없다고 생각하는 크리스천 부모는 없을 것이다. 마찬가지로 오늘날 강력하게 일어나고 있는 동성애와 성(性) 문제에 대해 우리는 진리를 이야기할 의무가 있다. 그리고 이런 이론과 문화가 일어나는 배후에 일하는 영을 분별하고 기도해야 한다.

문화와 인권과 법의 모양으로 하나님의 백성들을 집어삼키려는 원수의 교묘한 계략을 분별하며 예수님의 이름으로 선포하고 기도로 싸우며 빛과 소금으로 활약하는 우리가 되기를 간절히 소망한다.

악을 선하다 하며 선을 악하다 하며 흑암으로 광명을 삼으며 광명으로 흑암을 삼으며 쓴 것으로 단 것을 삼으며 단 것으로 쓴 것을 삼는 자들은 화 있을진저 사 5:20

기도로 승리하는 영적 전쟁

지인들에게 자주 권하는 〈기도의 힘〉(원제: War Room)이라는 기독교 영화가 있다. 혈과 육의 씨름이 아닌 기도로 싸우는 삶을 이해하기 쉽고 흥미롭게 잘 만든 영화이다.

성공 가도를 달리는 남편과 사랑스러운 딸을 둔 주인공 엘리자베스는 겉보기엔 완벽해 보이지만 위태로운 결혼생활을 이어간다. 그녀는 고객인 클라라 부인에게서 기도에도 전략이 필요하다는 조언과 함께 기도로 위기를 넘기는 법을 듣는다.

엘리자베스는 옷장을 치우고 기도의 골방, '워 룸'(war room)을 만든다. 그리고 남편을 미워하고 원망하던 그녀가 원수를 향해 꾸짖어 경고한다. 더 이상 속고 빼앗기지 않겠노라고. 결국 그녀의 가족은 골방기도 전투를 통해 회복된다.

당장 눈에 보이는 현상과 느껴지는 감정으로 원수에게 속고 농락당할 때가 있다. 물론 우리에게 아무 잘못이 없고, 모든 것이 오로지 악한 영의 탓만은 아니다. 미움, 탐심, 음란, 거짓 등으로 우리가 범죄하기에 삶에 어려움이 닥치기도 한다.

혹 아무 어려움 없이 형통한 듯 보여도 주님과 분명 멀어져 있으며 주님의 뜻과는 먼 삶을 살 때가 있다. 원수는 이를 유혹하고 더 부추기는 일을 한다. 태초에 에덴동산에서 하와에게 "너도 하나님처럼 될 수 있어. 이걸 먹어도 죽지 않아"라고 유혹했던 것처럼.

피조물임에도 조물주처럼 수많은 권위와 지혜와 자유를 얻은 인간은, 결국 자신이 신이 될 수 있다는 거짓 유혹에 빠져든다. 원수는 하와의 야심을 자극했다. 그리고 그녀는 자유의지로 범죄를 선택했다. 그 결과, 정녕 죽음을 맞이해야 하는 존재로 전락하고 만다.

사단은 우리를 그렇게 유혹한다. 자유의지로 죄를 선택하도록. 개인뿐 아니라 가정, 사회, 나라와 민족까지 영역을 넓혀 하나님과 그분의 뜻을 대적하고 죄를 택하는 최적의 환경을 만들고자 한다.

법과 인본주의적 가치와 이념들, 문화와 미디어를 동원해 그 뒤에 숨어 유혹한다. 이런 사단과 악한 영의 궤계를 영의 눈으로 보고 기도로 싸워야 한다. 예수 그리스도의 이름으로 꾸짖어 내쫓고, 성령의 인도하심을 받아야 한다.

인도 단기선교를 일곱 번 다녀오면서 실제로 영적 공격을 여러 번 경험했다. 유독 첫해에 영적 전쟁이 치열했다. 사실 우상으로 가득한 땅에 처음 가는 것이니 영적 싸움이 만만치 않겠다고 예상했다. 그래서 연약한 지체는 자칫 원수의 공격에 넘어질까 봐 리더들로만 팀을 구성했다.

나는 첫 모임을 하기 일주일 전부터 가위에 눌렸다. 그즈음 팀원들이 돌아가며 연락을 해왔는데, 하나같이 선교를 포기하겠다고 말했다. 각자의 연약함, 재정, 관계, 가족, 진로 등이 갑자기 크게 느껴져 두렵고, 실제로 그 부분에 문제가 생겨서 선교에 집중하기가 어렵다고 했다.

그 일들을 겪으며 등골이 오싹했다. 마치 원수가 '어디 너희가 무사히 선교 갈 수 있나 봐라. 내가 다 엉망으로 만들겠다'라고 협박하는 것 같았다.

하지만 예수 그리스도에게 속한 자는 마귀의 궤계를 능히 대적할 수 있는 능력이 있기에, 기도로 싸웠다. 나를 가위눌리게 하고, 팀원이 선교를 포기하도록 유혹하며 두렵게 만드는 원수를 예수님의 이름으로 꾸짖었다. 그렇게 함께 부르짖어 기도하자 흔들리던 지체들도 마음을 돌이켰다.

두 달간 함께 모이기를 힘쓰고 금식하며 기도했다. 또 예수님의 보혈을 힘껏 찬양했다. 선교 팀은 점점 성령충만해졌고, 그 안에 기쁨과 담대함이 넘쳤다.

내가 너희에게 뱀과 전갈을 밟으며 원수의 모든 능력을 제어할 권능을 주었으니 너희를 해칠 자가 결코 없으리라 눅 10:19

그렇게 시작한 인도 선교는 놀라운 기적과 은혜의 연속이었다. 인도에서 함께한 선교사님이 우리에게 말씀하셨다.

"보통 단기선교 팀이 오면 물갈이하느라 설사와 구토로 고생하는 경우가 많은데, 잘 먹어서 도리어 변비를 호소하는 팀은 처음입니다."

또 짧은 기간이었지만 우리 팀의 섬김과 기도로 큰 힘을 얻었다고 말해주셨다. 선교사님은 우리가 돌아간 후, 우리 팀이 노방전도를 했던 마을에서 새 영혼들이 교회에 출석하고 있다는 기쁜 소식도 전해주셨다.

영안을 열어주소서

하나님의 사람의 사환이 일찍이 일어나서 나가보니 군사와 말과 병거가 성읍을 에워쌌는지라 그의 사환이 엘리사에게 말하되 아아, 내 주여 우리가 어찌하리이까 하니 대답하되 두려워하지 말라 우리와 함께한 자가 그들과 함께한 자보다 많으니라 하고 기도하여 이르되 여호와여 원하건대 그의 눈을 열어서 보게 하옵소서 하니 여호와께서 그 청년의 눈을 여시매 그가 보니 불말과 불병거가 산에 가득하여 엘리사를 둘렀더라 왕하 6:15-17

선지자 엘리사 시대에 아람 왕이 이스라엘을 무찌르려고 전략을 짜는데 번번이 들통이 났다. 내부에 적이 있는지 색출하려고 하자 한 신하가 왕에게 말했다. 왕이 침실에서 혼자 한 말조차 이스라엘의 선지자 엘리사가 모두 알아낸다고. 그러자 왕은 엘리사를 제거하기로 작정했다.

수많은 아람 군대가 말과 병거를 이끌고 엘리사의 성읍을 에워쌌다. 엘리사의 사환이 나와 사방으로 둘러싼 아람 군을 보고 잔뜩 겁에 질려 엘리사에게 다급하게 말했다.

하지만 엘리사는 두려워하거나 요동하지 않고 말했다. 아군이 아람의 적군보다 많다고. 사방을 둘러봐도 오직 아람의 적군뿐인데 말이다. 엘리사가 기도했다.

"여호와여, 그의 눈을 열어서 보게 하소서!"

그러자 사환의 눈이 열려 여호와의 불말과 불병거가 산에 가득한 것을 보았다. 그의 영안이 열리자 적군보다 많은 여호와의 군대가 보인 것이다.

이것이 엘리사와 사환에게만 일어난 일일까. 하나님의 자녀된 우리에게도 똑같이 일어날 수 있다. 원수가 아무리 에워싸 넘어뜨리려 하고 사방이 욱여쌈을 당한 듯 보여도, 그보다 강력한 주님의 불말과 불병거가 있음을 기억해야 한다.

우리가 살아가는 이 세상에는 정치, 경제, 사회, 문화, 교육 각 영역의 조류가 있다. 그 흐름을 따라 사람들은 분주하게 살아간다. 그리스도인들은 그 속에서 어찌 살아야 할까. 어떻게든 함께 가고자 발버둥 치며 살지는 않는가.

그 흐름을 분별할 영적인 시선이 열려 기도할 수 있기를 바란다. 거대한 파도처럼 보이는 세상에 매몰되지 않고, 영안이 열려 그 풍랑 위를 걸을 수 있는 믿음의 사람이 되기를 소망한다. 그러기 위해 기도의 골방으로 나아가 예수님의 이름으로 부르짖어 영적 전쟁에서 승리하는 기도자가 되자.

1 하나의 문화일 뿐이라고 여겼지만, 배후에 있는 영을
   분별해야 할 것은 무엇인가? 특히 지금 내 삶과 닿아있는 부분을
   생각해보고, 분별할 수 있도록 기도하자.

2 내가 속한 가정, 공동체, 교회, 직장, 나아가 국가와 민족, 북한,
   열방 가운데 혈과 육의 씨름이 아닌 영적인 싸움을 싸워야 할
   영역을 적어보고 기도하자.

3 엘리사의 사환이 영안이 열려 불말과 불병거를 볼 수 있었던
   것처럼 나의 영안도 열어주시기를 기도하자.

PRAYER

ANSWER

LESSONS

3
PART

반드시
응답받아야 할
기도

CHAPTER 1

가계의 죄를
끊는 기도

유전보다 강한 기도

아이를 기르는 엄마들이 가끔 하는 이야기가 있다.

"자는 모습이 어쩜 저렇게 아빠랑 똑같은지…. 유전자의 힘이 놀랍다니까요."

누가 가르쳐준 적도 없는데 아이의 작은 습관에서 부모의 모습이 보일 때 신비로움을 느낀다. 물론 그 때문에 두려움을 느낄 때도 있다.

한번은 병원에서 건강검진을 받았는데 콜레스테롤 수치가 꽤 높게 나왔다. 마른 체격에 기름진 음식을 즐겨 먹지도 않는데 수치가 왜 높은지 의아했다. 의사는 가족력이 있는지 물었고, 양가 어른 중 그런 분이 있다고 하자 유전적 요인이 크니 주의하는 게 좋겠다고 말했다.

부모로부터 좋은 것만 물려받아서 내 자녀에게 주고 싶지만 실상은 그렇지 못할 때가 많다. 더 놀라운 건 죄의 문제에서도 가정에 반복되는 흐름이 있다는 것이다. 유감스럽게도 다른 죄보다 더 힘이 세 보인다. 물질을 우상 삼는 부모 밑에 자란 자녀는 물질에 강한 유혹을 받는다. 음란죄에 시달리는 부모 아래 자란 자녀는 음란에 시달린다. 그 외에도 질병, 가난, 거짓말 등 가정마다 유독 약한 죄의 문제들이 한두 가지는 꼭 있다.

의사가 내게 콜레스테롤에 대한 주의가 필요하다고 경고한 것처럼 가계에 반복되는 죄의 문제도 주의가 필요하다. 이 문제를 놓고 기도의 자리에서 치열히 싸우며 빛 되신 주님 앞에 나아가기를 바란다.

내 아버지는 암으로 소천하셨고, 외할머니도 암으로 일찍 돌아가셨다. 가계에 암 병력이 있다 보니 어느 순간 내게도 건강염려증이 생겼다. 조금만 몸이 이상해도 '혹시 암은 아닐까' 하는 두려움이 몰려왔다.

남편과 결혼을 앞두고도 그가 암에 걸려서 나보다 일찍 하늘나라에 가버리지는 않을지 두려웠다. 한번은 하나님께 이런 기도를 드렸다.

'하나님, 아빠처럼 남편을 빨리 데려가시면 안 돼요. 저 과부로 혼자 살게 될까 봐 너무 두려워요.'

기도를 하면서 내 안에 질병에 대한 깊은 두려움이 있음을 발견했다. 두려움은 실제로 잦은 감기와 몸살, 역류성 식도염과 같은 질병으로 찾아오기도 했다. 원수는 '질병'이라는 가계에 반복되는 약점으로 나를 옭아맸다.

하지만 이것은 결코 주님 안에서 '진리'가 아니다. 그리스도 예수 안에서 생명을 얻은 우리에게 참 진리는 무엇인가?

아담 안에서 모든 사람이 죽은 것같이 그리스도 안에서 모든 사람이 삶을 얻으리라 고전 15:22

그런즉 누구든지 그리스도 안에 있으면 새로운 피조물이라 이전 것은 지나갔으니 보라 새것이 되었도다 고후 5:17

우리는 예수 그리스도 안에서 새롭게 되어 새 삶을 얻었다. 그러므로 가계의 질병 문제가 더는 우리를 지배할 수 없다. 이것을 선포하며 믿어야 한다. 이 말씀이 삶을 실제로 주장하게 하는 것이다. 내 믿음이 어디에 뿌리를 두느냐에 따라 다른 열매를 맺는다.

기도의 자리에서 이 말씀을 선포하며 기도했다. 질병이 나를 주장할 수 없으며, 나는 주님 안에서 새롭게 되었음을, 두려움으로부터 자유케 되었음을 선포했다. 두려움이 몰려오거나, 생각으로 공격해올 때마다 즉시 말씀을 선포하며 기도했다. 점점 내 믿음이 진리를 향해 뿌리내리고 있음을 느꼈다.

또한 아직은 온전하지 못한 육신을 입고 있는 존재이기에 좋은 식습관과 생활 습관을 갖기 위해 노력했다. 되도록 건강한 음식을 섭취하고 운동도 꾸준히 했다.

믿음으로 선포기도를 하고도 불규칙한 생활 습관과 몸에 좋지 않은 음식을 즐겨 먹는 건 지혜롭지 못한 일이다. 이렇게 영육을 관리하는 동안 건강염려증도 거의 사라졌다. 염려로부터 자유로워졌다.

한 지체의 아버지가 오랫동안 음란과 음주에 빠져 지냈다. 할아버지 역시 같은 전력이 있다고 했다. 지체에게는 어릴 때부터 그것이 깊은 상처였고, 지독히 싫은 모습이었다. 그런데 아이러니하게도 성인이 된 자신 또한 여러 이성을 사귀는 것으로 외로움을 달래고, 술로 허전함을 채우려는 모습이 있음을 발견했다.

그토록 싫어하던 아버지의 모습이 자신에게 보이자 울부짖으며 벗어나려 애썼지만 쉽지 않았다. 마치 어떤 주술에 걸려 눈에 보이지 않는 힘이 그를 유혹의 소용돌이 속으로 끌어가는 것처럼.

이 외에도 가정 폭력을 일삼는 아버지 밑에서 자라는 동안에 너무 고통스러워 벗어나고 싶어 결혼했으나 폭력적인 남편을 만나 같은 상황을 겪게 되었다는 이야기, 폭력적인 부모를 보고 자랐는데 결혼 후에 갈등이 생기자 폭언과 폭력을 일삼는 자신을 발견했다는 이야기, 돈을 최고로 여기는 부모님 밑에서 고통당했는데 자신도 돈이 없으면 불안해서 견디지 못한다는 이야기 등 정말 안타까운 사연을 많이 접한다.

부모와 조부모가 겪은 죄의 문제가 세대를 거쳐 반복되는 것이다. 이 죄의 영역은 다른 것보다 더욱 세게 우리를 유혹하고 넘어뜨린다. 하지만 앞서 질병에 대해 간증했던 것처럼 예수 그리스도의 보혈로 그 죄로부터 자유할 수 있다. 우리에게 약속된 결말이기 때문이다. 이것을 믿으며 진리의 말씀에 믿음을 뿌리내려야 한다.

또한 기도의 자리에서 반드시 진리를 고백하고 선포해야 한다. 가계에 반복되는 죄에 붙잡힐 수밖에 없다고 속이는 악한 영들을 꾸짖어야 한다. 더불어 아직 온전하지 않은 육신의 삶에서 그것들을 걷어내는 거룩한 습관을 세워나가는 치열한 싸움도 필요하다.

삼대에 이어진 대물림

성경에서 믿음의 조상 아브라함과 백 세에 얻은 언약의 자손 이삭, 이스라엘이라는 이름을 얻은 야곱까지 삼대에 걸쳐 흥미로운 부분을 발견했다.

아브라함이 거기서 네게브 땅으로 옮겨가 가데스와 술 사이 그랄
에 거류하며 그의 아내 사라를 자기 누이라 하였으므로 그랄 왕
아비멜렉이 사람을 보내어 사라를 데려갔더니 그 밤에 하나님이
아비멜렉에게 현몽하시고 그에게 이르시되 네가 데려간 이 여인으
로 말미암아 네가 죽으리니 그는 남편이 있는 여자임이라 …
아비멜렉이 또 아브라함에게 이르되 네가 무슨 뜻으로 이렇게 하
였느냐 아브라함이 이르되 이곳에서는 하나님을 두려워함이 없으
니 내 아내로 말미암아 사람들이 나를 죽일까 생각하였음이요

창 20:1-3,10,11

아브라함은 기근으로 네게브 땅 그랄로 옮겨가 거류한다.
그런데 아리따운 아내 사라로 인해 어려움이 닥칠까 두려워
그녀를 누이라 속이며 방패 삼는다. 위기를 모면하고자 둘러
댄 거짓말 때문에 아내를 빼앗길 위기에 처하지만, 하나님께
서 그를 내버려두지 않으시고 건져내신다.

오히려 아브라함을 '선지자'라 높이시며 왕과 나라를 위해
기도하게 하시고, 그가 기도할 때 아비멜렉 집안의 태의 문을
열어주셔서 하나님의 왕 같은 제사장으로서의 위엄까지 보이
게 하신다(창 20장 참조). 두려움으로 거짓말하던 아브라함을
하나님의 사람으로 변모시키신다.

아브라함은 "내가 너로 큰 민족을 이루고 네게 복을 주어 네 이름을 창대하게 하리니 너는 복이 될지라"(창 12:2)라는 하나님의 말씀을 처음부터 믿을 수 없었다. 하지만 그가 참으로 복된 존재임을 하나님께서 깨닫게 하셨다. 말씀하신 대로 그가 복의 근원이 되게 하셨고, 그것을 믿도록 이끄셨다.

그리고 그는 백 세에 믿음의 아들 이삭을 얻었고, 그를 번제로 바치라는 하나님의 테스트도 거뜬히 통과하는 믿음의 조상이 되었다. 그렇게 믿음으로 얻은 아들, 이삭은 어땠는가.

> 이삭이 그랄에 거주하였더니 그곳 사람들이 그의 아내에 대하여 물으매 그가 말하기를 그는 내 누이라 하였으니 리브가는 보기에 아리따우므로 그곳 백성이 리브가로 말미암아 자기를 죽일까 하여 그는 내 아내라 하기를 두려워함이었더라 이삭이 거기 오래 거주하였더니 이삭이 그 아내 리브가를 껴안은 것을 블레셋 왕 아비멜렉이 창으로 내다본지라 이에 아비멜렉이 이삭을 불러 이르되 그가 분명히 네 아내거늘 어찌 네 누이라 하였느냐 이삭이 그에게 대답하되 내 생각에 그로 말미암아 내가 죽게 될까 두려워하였음이로라 창 26:6-9

마치 그대로 복사해 오려 붙인 것처럼 아브라함이 거짓말하던 모습과 똑같다. 심지어 아브라함이 거류했던 그랄에서 일어난 일이다. 아브라함이 이삭에게 그렇게 하라고 가르치지도 않았을 것이고, 그의 믿음이 연약했을 때 이삭은 존재하지도 않았다.

그 땅과 사람들이 두려워 거짓말을 했던 이삭에게는 주님께서 어떻게 일하셨는가. 그 해에 그 땅에서 농사하여 백배의 수확을 얻도록 복을 주셨다. 그리고 우물을 파는 곳마다 샘이 터지게 하셨다. 결국 그 땅의 사람들은 이삭이 하나님이 함께하시는 축복의 사람임을 인정할 수밖에 없었다. 그리고 이삭은 드디어 아버지의 하나님이 아닌 자신의 하나님을 만나게 된다.

두려움에 거짓말로 위기를 모면하던 아브라함을 복의 사람, 믿음의 사람으로 성장하게 하신 하나님께서 그의 아들 이삭 역시 동일한 죄의 유혹을 받았지만, 하나님의 사람으로 변화시키셨다.

이삭의 아들 야곱에게서도 동일한 모습을 찾아볼 수 있다. 차자인 그는 하나님의 축복을 받지 못할까 두려워 거짓말로 형의 장자권을 빼앗는다. 그리고 삼촌 라반의 집으로 도망하여 고생 끝에 두 아내와 많은 자녀와 풍성한 재물을 얻어 고향으로 돌아온다. 하지만 형 에서가 두려워 또다시 인간적인 술수를 부린다.

내 형 에서가 너를 만나 묻기를 네가 누구의 사람이며 어디로 가느
냐 네 앞의 것은 누구의 것이냐 하거든 대답하기를 주의 종 야곱의
것이요 자기 주 에서에게로 보내는 예물이오며 야곱도 우리 뒤에
있나이다 하라 하고 …

야곱이 말하기를 내가 내 앞에 보내는 예물로 형의 감정을 푼 후
에 대면하면 형이 혹시 나를 받아주리라 함이었더라 그 예물은 그
에 앞서 보내고 그는 무리 가운데서 밤을 지내다가 밤에 일어나 두
아내와 두 여종과 열한 아들을 인도하여 얍복 나루를 건널새 그들
을 인도하여 시내를 건너가게 하며 그의 소유도 건너가게 하고 야
곱은 홀로 남았더니 창 32:17,18, 20−24

재물과 두 아내, 두 여종, 열한 아들을 방패 삼아 앞서 보
내고 야곱 홀로 얍복강 나루에 남는다. 할아버지 아브라함과
아버지 이삭이 아내를 누이로 방패 삼았던 것처럼 말이다. 주
님은 그런 야곱을 그날 밤 얍복강 나루에서 친히 만나주신다
(창 32:24-30).

그 밤에 그는 '발뒤꿈치를 잡다'는 뜻의 '야곱'에서 '하나님
이 다스리신다'는 의미의 '이스라엘'이 되었다. 자신의 힘으로
움켜쥐며 두려움에 거짓말을 일삼던 인생이 하나님께서 다스
리시는 축복의 인생이 된 것이다.

하나님은 아브라함, 이삭, 야곱 삼대가 거짓말로 위기를 모

면하는 가계의 반복되는 죄에서 벗어나 두려움과 거짓으로부터 자유한 축복의 사람들이 되도록 이끄셨다. 그리고 이스라엘이라는 하나님의 백성, 한 민족을 일으키셨다.

우상이 가득한 갈대아 우르에서 자라 본토, 친척, 아비 집을 떠나 하나님의 사람으로 부름 받은 아브라함. 그는 처음부터 거룩한 하나님의 사람다운 면모를 갖고 있지 않았다. 거짓말로 부인을 방패 삼는 비겁한 자였던 그가, 하나님과 동행하면서 점점 믿음의 사람, 거룩의 사람으로 변화되었다.

아니, 하나님께서 포기치 않으시고 그를 변화시키셨다. 그래서 그는 백 세에 얻은 귀한 아들을 하나님의 한마디 명령에 기꺼이 내어드리는 온전한 순종과 믿음의 사람이 되었다.

그렇게 얻은 이삭과 야곱은 이어 이스라엘이라는 한 민족의 아비가 되었고 오늘날 우리 믿는 자들의 시조가 되었다.

우리 또한 여러 죄가 반복되는 가계에서 자랐다 할지라도 예수 그리스도 안에서 하나님의 자녀가 되는 권세를 얻었기에 믿음의 조상 아브라함처럼 새로운 믿음의 계보를 이어갈 수 있다. 이 진리의 말씀을 붙잡고 믿음으로 기도를 심자.

처참한 죄의 결과

죄가 너를 원하나 너는 죄를 다스릴지니라 창 4:7

죄를 대하는 당신의 태도는 어떠한가? 예수 그리스도께서 우리를 위해 십자가에서 물과 피를 쏟으시고 대속하심으로 우리는 확실히 사함을 받았다. 아브라함과 이삭과 야곱을 기꺼이 도우시는 전적인 하나님의 은혜에 감사하되, 그 은혜를 남용하는 어리석음을 범해서는 안 된다.

'어차피 난 용서받았고, 앞으로 지을 죄까지 다 용서받았잖아. 지옥에 가지 않고 천국에 갈 수 있으니 괜찮아. 예수님은 사랑이시니까 날 계속 용서하실 거야.'

이런 생각으로 죄를 가볍게 여기지는 않는가. 부끄럽지만 모태신앙으로 자란 나도 그랬다. 하지만 죄에 쏟으신 하나님의 진노를 분명히 기억해야 한다. 예수님이 골고다 언덕 십자가에서 얼마나 처참하게 돌아가셨는가. 손발이 잘려 나가는 고통, 온몸이 채찍으로 찢겨 나가는 무시무시한 고통이 실은 내가 받아야 할 죄의 대가였음을 기억하자.

죄는 하나님의 진노와 심판 대상이다. 결코 가벼이 여겨서는 안 된다. 예수 그리스도의 보혈로 값을 치르시고 주님의 성전이 된 우리 자신과 거룩의 계보를 이어갈 가계를 죄를 허용하는 장으로 허술하게 내어주면 안 된다. 죄와 피를 흘리기까지 싸워야 한다. 죄를 미워하고 다스릴 수 있어야 한다.

　예수 그리스도가 오신 계보의 주인공이자 구약의 의인 다윗. 그는 훌륭한 믿음의 선배로서의 면모도 많이 보여줬지만, 치명적인 실수도 저질렀다. 바로 우리아의 아내 밧세바를 범한 사건이다. 그 죄로 인해 다윗은 자신의 가계에 쓰디쓴 열매를 남겼다.

　밧세바를 범하려는 충동으로 음란에 넘어진 다윗은 거기서 멈추지 않았다. 자신의 죄를 감추기 위해 우리아를 불러들여 부인과 동침하도록 유도하고 자신의 아이를 그의 아이로 둔갑시키려 했다. 하지만 충성스러운 우리아로 인해 실패로 돌아갔다. 그럼에도 다윗은 멈추지 않고, 충직한 우리아를 죽음의 전장으로 몰아넣는 죄까지 범한다. 원수에게 크게 비방할 거리를 내어준 것이다.

　하나님께서는 나단 선지자를 통해 그것이 곧 '하나님을 업신여기는 죄'라고 말씀하신다. 우리가 죄를 허용하는 것은 곧 하나님을 업신여기는 일이며, 원수에게 비방 거리를 내어주는 것이다. 또 그 죄를 가계에 흘려보내는 일이 될 수 있다.

　다윗의 가계에 "칼이 네 집에서 영원토록 떠나지 아니하리라"(삼하 12:10), "네 아내를 빼앗아 네 이웃들에게 주리니 그 사람들이 네 아내들과 더불어 백주에 동침하리라 너는 은밀히 행하였으나 나는 온 이스라엘 앞에서 백주에 이 일을 행하리라"(삼하 12:11,12)라는 두렵고 떨리는 심판이 임했다.

다윗의 아들 암논이 이복 누이 다말을 겁탈함으로 이어진 다말의 오라비 압살롬의 칼의 복수. 그의 자녀들 사이에 음란과 칼부림의 죄가 넘쳐난다. 압살롬은 거기서 멈추지 않고 백주에 아버지의 후궁들과 동침하는 죄까지 저지른다. 하나님이 경고하신 모든 일이 일어난 것이다.

또 압살롬은 아버지의 왕위까지 탐하며 역모를 일으킨다. 그런 아들을 피해 도망가는 다윗의 심정은 어땠을까. 결국 압살롬이 요압에게 죽임을 당하며 사건은 마무리되지만, 다윗은 가슴 찢어지는 고통으로 울부짖는다.

내 아들 압살롬아 내 아들 내 아들 압살롬아 차라리 내가 너를 대신하여 죽었더면, 압살롬 내 아들아 내 아들아 하였더라

삼하 18:33

다윗의 왕위를 이어받아 엄청난 부귀영화를 누린 솔로몬도 시작은 아름다웠다. 하지만 많은 이방 여인을 사랑한 음란죄로 하나님을 향한 마음을 빼앗겨 나라가 둘로 나뉘는 아픔의 역사를 쓰고 말았다.

다윗 가계의 아프고도 처참한 죄의 역사를 보면 우리 역시 예외일 수 없다. 거룩한 계보를 이어가기 위해 얼마나 죄와 싸웠는지, 그 죄를 미워하고 다스렸는지 깊이 생각해야 한다.

기도의 자리에서 손쉽게 용서만 구하며 반복적으로 죄를 지을 게 아니라 주님 앞에 엎드려 가슴을 치며 죄와 씨름하자. 진정 죄를 미워하고 죄에서 돌이켜 끊어내기를 성령께 간절히 구하며 애통한 심령으로 기도하자. 나로 인해 가계에 죄가 들어오지 않도록 조상 세대로부터 흘러오는 죄의 유혹 앞에 철저히 회개하고 돌이키는 분투가 있어야 한다.

새 언약으로 나아가기

무엇보다 느헤미야의 기도를 배우길 소망한다. 그는 켜켜이 쌓인 죄로 멸망당해 바벨론 포로로 끌려간 유다 사람이었다. 그는 자신의 동족으로부터 고향 예루살렘의 처참한 상황을 전해 듣는다. 만일 내가 그 얘기를 들었다면 어땠을까.

'아, 이제 우리나라와 민족은 망했구나. 조상의 죄 때문에 이게 뭐람. 나라도 바벨론에서 어떻게든 살아남아야지.'

이런 생각을 할지도 모르겠다. 하지만 느헤미야는 하나님의 말씀을 기억하고 붙드는 자였다. 나와 내 아버지의 집이 범죄하여 주를 향해 크게 악을 행했을지라도 흩어진 그곳에서 돌아와 주님의 계명 앞에 엎드릴 때, 다시 돌아오게 하시리라는 주님의 말씀을 기억하여 믿었다(느 1:6-9 참조).

그리고 민족의 죄를 하나님 앞에 자복하고 주야로 금식하며 기도했다. 느헤미야의 절절한 기도가 하나님의 마음을 움직였고, 그분이 일하기 시작하셨다. 포로 출신인 그를 술 관원이 되게 하시고 왕의 신임을 얻게 하셔서 예루살렘 성전을 재건하는 일에 사용하신다. 죄로 무너진 이스라엘을 회복하는 데 쓰신 것이다. 오늘날도 주님은 느헤미야와 같은 자의 기도를 기다리신다.

'우리 집은 믿는 조상도 없고 난 망했어.'

'우리 가계에 안 좋은 게 너무 많이 흘러와서 난 억울해.'

이런 생각에서 돌이켜야 한다.

'주님, 조상이 지은 죄를 회개합니다. 용서해주시고 예수님의 보혈로 씻으시고 새롭게 해주세요. 하나님의 뜻과 계명을 사랑하고 지키는 거룩한 가계로 새롭게 출발하게 해주세요. 죄를 미워하고 하나님의 말씀만 사랑하겠습니다.'

이렇게 고백하며 금식과 눈물로 주님 앞에 나아간다면 느헤미야와 같이 우리를 새 언약의 주인공으로 쓰실 것이다.

긴 난임의 터널을 지나 주님께서 아이를 주셨을 때, 감사하게도 손기철 장로님에게 기도를 받을 기회가 있었다. 장로님이 태어날 아이를 위해 이렇게 기도해주셨다.

"부모와 가계로부터 좋은 것만 물려받고, 아이에게 나쁜 건 흘러가지 않게 지켜주소서. 모태로부터, 어릴 때부터 성령충만하게 하소서."

이 말씀을 붙들고 나도 골방에서 간절히 기도했다.

'주님, 우리 가정과 저로부터 악한 것은 아들에게 흘러가지 않고, 주님이 기뻐하시는 것들만 흘러가길 원합니다. 이 아이가 주님의 거룩한 자녀로 자라게 해주세요.'

그리고 내 몸과 마음가짐에 더욱 신경을 썼다. 임신 전에도 가계로부터 반복되는 죄를 돌아보며 회개하고 싸우는 시간이 있었다. 마귀는 그런 나를 꿈에도 찾아와 방해했다. 음란하거나 불안한 꿈을 꾸기도 했다. 마치 새 언약의 가계로 나아가는 것을 막기 위해 불화살을 부지런히 쏘아대는 듯했다. 하지만 그럴수록 주님을 더욱 붙들었다.

또한 '303비전성경암송학교'에서 말씀암송으로 태교를 하면 유전자를 뛰어넘는 하나님의 사람, 이른바 '슈퍼 신인류'를 낳을 수 있다는 여운학 장로님의 말씀을 믿음으로 붙들고 말씀암송 태교도 열심히 했다. 그래서인지 잘 웃고 많이 보채지 않는 순한 아이가 태어났다.

엄마인 내가 말씀을 붙들고 기도로 심으며, 가계에 반복되는 죄의 유혹을 물리치면 아이도 하나님의 거룩하신 뜻을 따르는 믿음의 세대로 자라리라 믿는다.

우리는 예수님 안에서 새로운 피조물이 되었다. 이 말씀은 분명 우리에게 약속된 진리이다. 말씀을 붙들고 가계의 죄를 회개하며 기도로 새 언약의 삶을 세워나가면 좋겠다. 죄와 연약함으로 얼룩진 모습이 아닌, 하나님의 형상을 닮은 거룩하고 아름다운 믿음의 다음세대가 군대처럼 일어나길 열망하며 기도한다.

1 가계에 반복해서 내려오는 죄는 무엇인가? 그 죄에 대해 자신이
   먼저 주님 앞에 회개하는 시간을 가져보자.

   ex. 조상 대대로 예수님을 믿지 않는 불신 가정이었습니다. 주님을 믿지 않은
   죄를 회개합니다. 하나님을 삶의 주인으로 모시지 않고, 마음에 두지 않으려고
   거부했던 모든 불신의 죄를 회개합니다. 용서해주세요.

2 죄의 굴레로 얽매고 공격하며 속이는 원수의 궤계를
   예수님의 이름으로 거부하는 기도를 해보자.

   ex. 예수님을 믿지 못하도록 방해하고 유혹하는 모든 원수의 공격을
   예수님의 이름으로 거부한다. 예수 그리스도의 이름으로 꾸짖노니
   불신의 영은 떠나가라! 우리 가계에서 완전히 끊어져라!

3 가계가 예수님의 보혈 아래 새롭게 되었음을 선포하는
   기도를 해보자.

   ex. 우리 집안은 예수님의 보혈로 새롭게 되었음을 선포한다.
   지난날 반복되던 불신의 죄는 예수님의 이름으로 끊어졌음을 선포한다.
   우리 가계는 하나님의 자녀가 되었다. 할렐루야!

4 은혜에 합당한 거룩의 삶을 세워갈 수 있도록 결단하고,
   하나님의 도우심을 구하는 기도를 해보자.

   ex. 부모님과 가족에게 복음을 전하겠습니다. 그들이 이미 하나님의 자녀가
   되었음을 믿고 기도하겠습니다. 저도 주인 되고자 하는 정욕을 버리고
   하나님을 온전히 주인으로 모시며 살겠습니다.

CHAPTER 2

다음세대를 위한
기도

결혼의 목적

사람들은 결혼을 왜 할까? 행복을 위해서, 혼자는 외로우니까, 하나보단 둘이 나아서? 어떤 사람은 인간으로서 해야 할 도리, 마치 숙제하듯이 의무로 여기기도 한다. 또 믿음이 좀 있다는 사람은 "믿음의 가정을 이루고 싶어서"라고 대답할 것이다.

반면에 세상 사람들은 어떠한가? 보통은 자신의 행복을 위해, 한마디로 자신의 만족을 채우기 위해 결혼한다. 요즘 부부들 가운데는 결혼해서도 자녀를 두지 않는 딩크족이 늘고 있다.

우리나라 출산율은 OECD 국가 중에 최저수준이 된 지 오래고, 2년 연속 세계 최하위를 기록하고 있다. 물질이 모든 것의 기준이 되어버린 세상에서 자녀 양육은 부담일 뿐이고, 자신의 유익을 추구하는 데도 자녀는 거추장스러운 존재라는 의식이 만연하다.

크리스천 중에도 세상 사람들과 다를 바 없이 똑같은 고민을 하며 세상 유익을 추구하는 이들도 있고, 세상과 믿음 사이에서 줄다리기하며 고심하는 이들도 있다. 한편 좁은 문과 좁은 길, 생명으로 인도하는 길을 선택해서 가는 이들도 있다.

그렇다면 하나님께서는 왜 우리에게 결혼을 허락하실까? 사실 이것이 가장 중요한 결혼의 이유이자 목적이다. 최초의 사람 아담에게 하와를 주신 분은 다름 아닌 하나님이셨고, '결혼'이라는 아이디어도 그분에게서 출발했다.

여호와 하나님이 이르시되 사람이 혼자 사는 것이 좋지 아니하니 내가 그를 위하여 돕는 배필을 지으리라 하시니라 창 2:18

"혼자 사는 것이 좋지 아니하니", 우리를 사랑하시는 주님께서 우리가 외롭지 않도록, 서로 사랑하며 살도록 부부를 허락하셨다. 결혼의 시작은 인간이 아닌 하나님의 생각이었다. 그런데 부부에서 끝이 아니었다.

하나님이 자기 형상 곧 하나님의 형상대로 사람을 창조하시되 남자와 여자를 창조하시고 하나님이 그들에게 복을 주시며 하나님이 그들에게 이르시되 생육하고 번성하여 땅에 충만하라 창 1:27,28

이 땅이 하나님의 형상을 닮은 자녀들로 번성하길 원하셨다. 결혼을 통해 부부가 자녀를 낳는 건 주님의 뜻이었다. 남자와 여자가 만나 부부를 이루고 생명을 잉태하도록 경이로운 창조의 능력을 부부의 만남 가운데 디자인해두신 것이다.

하지만 아담과 하와는 범죄하여 타락한 이후에 가인과 아벨을 낳았다. 가인은 살인자요, 아벨은 예배자였다. 그리고 살인자가 예배자를 삼켜버렸다. 그래서 주님은 아벨 대신 '셋'이라는 다른 씨를 주셨다. 그렇게 성경은 가인과 셋의 두 줄기로 나누어 계보를 써 내려간다.

가인의 후손들은 세상에서 뛰어난 업적을 세우지만, 주님을 찾지 않았다. 그저 이 땅에서 자신들의 유익을 추구하며 살았다. 반면에 셋의 후손은 주님의 이름을 불렀다. 그들은 예배자였다. 그 절정을 보여준 세대가 에녹이다.

에녹이 하나님과 동행하더니 하나님이 그를 데려가시므로 세상에 있지 아니하였더라 창 5:24

에녹은 최초로 죽음을 보지 않고 하늘나라로 올라간 사람이다. 그는 하나님과 온전히 동행하는 삶을 살았다. 성경은 에녹이 삼백육십오 년을 살았는데, 삼백 년 동안 주님과 동행했다고 기록한다(창 5:21-23). 그런데 에녹이 이 땅에서 어떤 위대한 업적을 남겼는지는 기록하지 않는다. 마치 그것이 하나님께 중요하지 않다고 말하는 것처럼 말이다.

그가 비록 이 땅에 발을 딛고 살았지만 하늘나라에 사는 이처럼 살았기 때문일까. 주님은 에녹의 육신이 늙어 썩어지기 전에 하늘로 데려가셨다. 그의 증손자가 바로 노아이다. 하나님이 이 땅을 처음으로 심판하신 날 유일하게 살아남은, 셋의 계보를 따라 에녹을 거쳐 내려온 믿음의 후손이다.

홍수가 나서 노아가 방주에 들어가던 날까지 세상 사람들은 먹고 마시고 장가들고 시집갔다. 하나님과 상관없이 살던 자들은 모두 수장되었고, 믿음을 지켜오던 에녹의 후손 노아와 그의 가족은 구원받았다. 가인의 계보는 사라졌고, 셋의 계보는 예수님까지 이어졌다.

'호랑이는 죽어서 가죽을 남기고 사람은 죽어서 이름을 남긴다'는 속담이 있지만, 아니다. 사람은 믿음의 후손을 남긴다. 이것이 주님이 원하시는 결혼의 목적이다.

하나님은 우리의 '쾌락'을 위해 결혼을 허락하시지 않았다. 결혼을 통해 '경건한 자손'을 얻고자 하셨다.

그에게는 영이 충만하였으나 오직 하나를 만들지 아니하셨느냐 어찌하여 하나만 만드셨느냐 이는 경건한 자손을 얻고자 하심이라 말 2:15

마지막 때가 점점 다가오지만 정확히 그날이 언제인지 우리는 알 수 없다. 하지만 예수님이 오시는 그날까지 믿음의 후손을 남기는 게 우리의 사명임은 분명하다. 나아가 육신의 자녀뿐 아니라 영적인 자녀도 낳고 길러야 한다.

바울은 독신이었으나 수많은 믿음의 자녀를 낳았다. 믿음의 후손들, 다음세대를 낳고 기르는 해산과 양육의 수고는 선택이 아니라 필수이다. 따라서 다음세대를 위한 기도를 놓치지 말아야 한다. 주님이 다시 오시는 그날까지 자녀와 손자, 증손자로 믿음의 계보가 끊어지지 않도록 기도해야 한다.

또한 내 자녀만이 아닌 자녀 세대를 위해, 나아가 열방의 다음세대를 위해 함께 기도해야 한다. 예수께서 다시 오시는 날에 노아의 날과는 비교할 수 없는 수많은 믿음의 자녀들을 기대하실 것이다.

두 왕 이야기

역대기에 등장하는 두 왕의 이야기를 통해 다음세대를 예비하는 지혜를 얻고자 한다. 다윗과 히스기야는 훌륭한 왕이었고 믿음의 좋은 본을 보여주었다. 하지만 두 왕이 다음세대에 미친 영향은 무척 달랐다.

_다음세대를 준비한 다윗

다윗은 위대한 왕이었지만 밧세바를 범하고 인구조사로 인해 하나님의 질책을 받기도 했다. 그렇지만 그가 다음세대를 위해 심어둔 기도는 솔로몬을 거쳐 남 유다의 왕들로 이어지고, 마침내 하나님의 아들 예수님이 오시는 계보로까지 이어졌다.

그는 살아생전에 다음세대를 위해 힘껏 준비했다. 먼저 여호와의 성전을 준비했다. 자신이 직접 건축하기를 소망했으나 하나님께서 그의 세대에 받지 않으시고 자녀 세대에 이루시리라고 말씀하셨다. 그래서 그는 자신은 죽고 사라질 그때를 위해 힘써 준비했다(대상 29:1-5).

자신을 이어 나라를 다스릴 어린 솔로몬이 하나님의 성전을 짓는 사명을 완수할 수 있도록 국가적 채비를 마련해두었으며, 재산 중 상당 부분을 미리 떼어두었다. 오늘날로 치면 나는 죽고 없어질 시대에 건축될 다음세대의 성전을 위해 헌금을 미리 드리고 간 셈이다.

우리는 당장 눈앞에 있는 하나님의 일에 드리는 것도 인색할 때가 많은데, 내가 죽고 없을 때의 일을 위해 미리 드리다니! 이건 말로만 하는 다음세대 준비가 아닌 실제 삶에서 마음과 힘과 정성을 다해 준비한 모습이 아닐까. 그리고 아들 솔로몬에게 왕위를 이어주며 오직 하나님만 찾도록 믿음의 유산을 심어주었다.

내 아들 솔로몬아 너는 네 아버지의 하나님을 알고 온전한 마음과 기쁜 뜻으로 섬길지어다 여호와께서는 모든 마음을 감찰하사 모든 의도를 아시나니 네가 만일 그를 찾으면 만날 것이요 만일 네가 그를 버리면 그가 너를 영원히 버리시리라 대상 28:9

이런 신앙교육에 힘입어 솔로몬 왕의 출발은 매우 아름다웠다. 하나님께서 다윗에게 "내가 그를 택하여 내 아들로 삼고 나는 그의 아버지가 될 것임이라"(대상 28:6)라고 약속하신 대로 아들 솔로몬의 아버지가 되어주셨고, 왕위에 오른 솔로몬에게 선지자를 통하지 않고 친히 찾아와 주셨다.

그날 밤에 하나님이 솔로몬에게 나타나 그에게 이르시되 내가 네게 무엇을 주랴 너는 구하라 하시니 대하 1:7

이 얼마나 떨리고 벅찬 순간인가. 하나님께서 친히 오셔서 "무엇을 주랴? 구해라!"라고 따뜻하게 물어오신다. 그 질문에 대한 솔로몬의 대답이 놀랍다.

솔로몬이 하나님께 말하되 주께서 전에 큰 은혜를 내 아버지 다윗에게 베푸시고 내가 그를 대신하여 왕이 되게 하셨사오니 여호와 하나님이여 원하건대 주는 내 아버지 다윗에게 허락하신 것을 이제 굳게 하옵소서 주께서 나를 땅의 티끌같이 많은 백성의 왕으로 삼으셨사오니 주는 이제 내게 지혜와 지식을 주사 이 백성 앞에서 출입하게 하옵소서 이렇게 많은 주의 백성을 누가 능히 재판하리이까 하니 대하 1:8-10

그는 다름 아닌 '지혜와 지식'을 구했다. 그것도 자기 자신을 위함이 아니라 하나님의 백성을 섬기기 위함이었다. 먼저 그의 나라와 의를 구하던 아버지 다윗의 모습이 보인다. 하나님께서는 그가 구한 것뿐 아니라 더 많은 것, 아니 모든 걸 주셨다(대하 1:11,12).

그리고 다윗이 그토록 사모하고 힘써 준비하던 성전을 솔로몬이 건축하여 예배드릴 때, 제사장들이 능히 서있을 수 없을 정도로 충만한 하나님의 임재를 경험했다(대하 5:13,14).

솔로몬은 전무후무한 축복을 누린 왕이었다. 아버지 다윗이 삶으로 보여주고 기도로 심으며 가르친 신앙교육의 열매였다. 하지만 고난 없는 평안이 연약한 인간에게 독이 되어 솔로몬은 결국 넘어지고 말았다. 평화조약을 위해 아내로 맞이한 수많은 이방 여인으로 인해 우상숭배의 길로 갔다.

시작은 아름다웠으나 끝은 참혹했다. 그렇지만 주님은 사울 왕처럼 왕위를 걷어가지는 않으셨다. 비록 이스라엘이 남과 북으로 나뉘는 죄의 열매는 있었으나 남 유다를 남겨두셨다. 솔로몬이 아닌 아버지 다윗과의 약속 때문이었다. 다윗이 심어둔 기도 때문이었다. 이후 성경에 반복해서 등장하는 말씀이 "나의 종 다윗을 위하여"이다.

여호와께서 솔로몬에게 말씀하시되 네게 이러한 일이 있었고 또 네가 내 언약과 내가 네게 명령한 법도를 지키지 아니하였으니 내가 반드시 이 나라를 네게서 빼앗아 네 신하에게 주리라 그러나 **네 아버지 다윗을 위하여** 네 세대에는 이 일을 행하지 아니하고 네 아들의 손에서 빼앗으려니와 오직 내가 이 나라를 다 빼앗지 아니하고 내 종 다윗과 내가 택한 예루살렘을 위하여 한 지파를 네 아들에게 주리라 하셨더라 왕상 11:11-13

그의 하나님 여호와께서 **다윗을 위하여** 예루살렘에서 그에게 등불을 주시되 그의 아들을 세워 뒤를 잇게 하사 예루살렘을 견고하게 하셨으니 왕상 15:4

여호와께서 **그의 종 다윗을 위하여** 유다 멸하기를 즐겨하지 아니하셨으니 이는 그와 그의 자손에게 항상 등불을 주겠다고 말씀하셨음이더라 왕하 8:19

내가 나와 **나의 종 다윗을 위하여** 이 성을 보호하여 구원하리라 하셨나이다 하였더라 왕하 19:34

다윗은 이미 죽고 후대의 역사 속에 사라졌지만, 하나님께서 그와 기도 가운데 약속하신 언약은 분명히 살아있었다. 그의 기도를 들으시고 약속해주신 하나님의 신실하심이 후대의 역사에도 계속 이어졌다. 다윗의 기도가 없었다면 그의 왕조는 역사 속에서 사라져버렸을 것이다.

안타깝게도 다윗 왕조도 최후를 맞이하는데, 그 원흉이 바로 히스기야의 아들 므낫세이다. 사실 따지고 보면 그를 존재케 한 것은 히스기야라 해도 과언이 아니다. 이들 역시 다윗의 후손이었다. 역설적으로 성경은 히스기야와 므낫세를 통해 우리가 다음세대를 위해 반드시 기도해야 함을 이야기한다.

_다음세대를 놓친 히스기야

히스기야에 대한 성경의 평가를 보면, 그는 생전에 꽤 괜찮은 믿음의 사람이었다.

히스기야가 그의 조상 다윗의 모든 행위와 같이 여호와께서 보시기에 정직하게 행하여 …
히스기야가 이스라엘 하나님 여호와를 의지하였는데 그의 전후 유다 여러 왕 중에 그러한 자가 없었으니 곧 그가 여호와께 연합하여 그에게서 떠나지 아니하고 여호와께서 모세에게 명령하신 계명을 지켰더라 여호와께서 그와 함께하시매 그가 어디로 가든지 형통하였더라 왕하 18:3, 5-7

히스기야는 하나님이 보시기에 정직한 사람이었다. 그는 하나님을 온전히 의지하고 그분과 연합하며 계명을 지켰다. 그의 유명한 믿음의 행적 두 가지를 살펴보자.

이스라엘의 대적이었던 앗수르가 랍사게를 보내 하나님을 모독하고 조롱하자, 그는 여호와의 전에 나아가 오직 하나님을 의뢰함으로 기도했다. 또한 앗수르 왕이 보낸 무례한 편지를 하나님 앞에 펴놓고 기도하며 호소했다.

우리 하나님 여호와여 원하건대 이제 우리를 그의 손에서 구원하옵소서 그리하시면 천하만국이 주 여호와가 홀로 하나님이신 줄 알리이다 하니라 왕하 19:19

그 기도를 들으신 하나님께서 히스기야와 유다에게 통쾌한 승리를 선사하심으로써 그들의 하나님이심을 친히 보여주셨다. 그들은 손 하나 까딱하지 않았지만 간밤에 하나님의 사자가 그 많은 적군을 다 송장으로 만들어버렸다(왕하 19:35).

히스기야는 위대한 기도의 사람이었고, 하나님께서 기뻐하시는 믿음의 왕이었다.

히스기야의 기도로 태양계가 움직인 믿기지 않는 사건도 있었다. 병들어 죽게 된 그가 오직 하나님을 향하여 낯을 들고 통곡의 기도를 드렸다. 하나님께서 그의 기도에 응답하시고 그 표징으로 해그림자가 뒤로 물러가는 기적을 허락하셨다 (왕하 20:10,11).

하지만 그는 죽음의 문턱에서 귀하게 얻은 십오 년 동안 믿음을 놓쳐버리고 만다. 바벨론 왕이 병든 히스기야를 위로하고자 편지와 예물을 보냈는데, 히스기야는 흥분을 감추지 못하고 사자들에게 보물 창고와 군기고를 몽땅 열어 보여주었다. 마치 그를 고쳐준 이가 바벨론 왕이라도 되는 것처럼.

여호와의 말씀이 날이 이르리니 왕궁의 모든 것과 왕의 조상들이 오늘까지 쌓아두었던 것이 바벨론으로 옮긴 바 되고 하나도 남지 아니할 것이요 또 왕의 몸에서 날 아들 중에서 사로잡혀 바벨론 왕궁의 환관이 되리라 하셨나이다 하니 왕하 20:17,18

후에 그가 활짝 열어 보여준 모든 것이 바벨론으로 옮겨가고, 아들 중 하나가 바벨론 환관으로 사로잡혀 가게 된다. 이 심판의 말씀 앞에서 자신이 병들어 죽게 되었을 때처럼 하나님께 낯을 향하고 눈물의 기도를 심었다면 얼마나 좋았을까. 그랬다면 유다의 역사는 달라지지 않았을까. 하지만 그는 기도하지 않고 이렇게 말했다.

> 히스기야가 이사야에게 이르되 당신이 전한 바 여호와의 말씀이 선하니이다 하고 또 이르되 만일 내가 사는 날에 태평과 진실이 있을진대 어찌 선하지 아니하리요 하니라 왕하 20:19

'그래, 내가 사는 동안에는 아무 일이 없을 테니 됐어. 난 할 만큼 했어. 나중 일은 아들 세대에서 알아서 하라고 하지 뭐.'

혹 이런 마음이었을까? 기도하는 데 지친 걸까 아니면 마음이 높아져서였을까. 무슨 이유든 그의 반응이 너무나 아쉽다. 아니, 아쉽다는 말로는 부족하다. 참담하고 끔찍하다.

히스기야의 뒤를 이어 므낫세가 왕이 될 때 나이가 열두 살이었다. 히스기야가 하나님의 은혜로 생명을 연장받은 시간에 얻은 아들로 보인다(왕하 21:1). 므낫세는 어떤 왕이었는가? 여호와 보시기에 심히 악을 행하고 이방 사람의 가증한 일을 따라 아버지 히스기야가 헐어버린 산당을 다시 세우고 온갖 우상을 섬기며 백성을 악한 길로 인도한 악한 왕이었다(왕하 21:2-9).

이것을 히스기야가 알았을까? 자신이 하나님의 은혜로 연명한 말년에 얻은 아들이 이토록 끔찍한 악을 행하는 왕이 될 줄! '아들 세대가 알아서 하겠지'라고 방관한 결과가 이토록 참담하리라고는 상상하지 못했을 것이다.

하나님께서는 므낫세가 바벨론으로 잡혀간 후에 깨닫고 돌이킬 기회를 주셨고, 후손 중에 요시야와 같은 믿음의 왕도 허락하셨다. 하지만 결국 유다는 멸망하고 만다. 그 이유를 성경은 이렇게 말한다.

> 그러나 여호와께서 유다를 향하여 내리신 그 크게 타오르는 진노를 돌이키지 아니하셨으니 이는 므낫세가 여호와를 격노하게 한 그 모든 격노 때문이라 왕하 23:26

하나님께서 그를 용서하시고 돌이킬 기회도 주셨지만, 므낫세가 저지른 우상숭배와 숱한 죄와 무고하게 흘린 피가 유다를 무너지게 했다. 다윗의 다음세대를 위한 기도로 이어진 유다 왕국은 기도를 놓친 히스기야로 인해 므낫세의 끔찍한 죄악으로 무너지고 말았다.

이 이야기는 오늘을 사는 우리에게도 예외가 아니다. 생명을 내놓고 복음을 실어 나르던 나라가 무신론자로 가득 찬 나라로 변해가고 있다. 복음으로 백 년 만에 하나님이 주신 복과 부흥을 누리며 성장했지만, 청년들은 점점 세상으로 떠나고 주일학교도 빠른 속도로 무너지고 있다.

히스기야처럼 내가 사는 동안만 믿음으로 살아내며 다음세대를 놓쳐버린다면 우리가 세운 믿음을 다음세대가 허물어버리는 건 시간문제일 것이다. 눈부신 부흥을 일군 한국교회가 그 빛을 잃어가는 걸 보면 두렵고 떨린다.

하지만 늦지 않았다. 지금부터 기도하자. 다음세대를 위해 간절히 엎드리자. 우리가 이 땅을 떠나더라도 믿음의 다음세대가 끊어지지 않도록 다윗처럼 힘써 수고하고 예비하고 가르치자. 마음과 뜻과 힘을 다해 하나님을 사랑하는 믿음의 다음세대가 일어나도록!

다윗처럼 주님 품에 안기더라도 우리가 심은 기도를 통해 주님이 언약을 기억하시고 다음세대를 깨우시고 일으키시도록 하자.

1 현재 나와 가정, 소속된 교회만을 위해 신앙생활하지는 않는가?
지금부터 한국교회와 다음세대를 위해 눈물의 기도를 심어보자.

2 매일 기도할 때, 단 일 분이라도 다음세대를 위해 기도하자.
또한 구체적인 기도 계획을 세워 노트에 적어보자.

3 다음세대의 부흥을 위해 할 수 있는 일이 무엇인지 생각해보고
기도로 구하자.

CHAPTER 3

공동체를 위한
기도

다락방에 임하신 하나님

요즘은 뭐든 혼자 하는 게 대세이다. 이것이 신앙생활에도 이어져 혼자 예배드리고 혼자 기도하는 것을 선호한다. 점점 공동체를 거부하며 코로나19 팬데믹으로 사람들과 거리를 두다 보니 이런 현상이 가속화되고 있다.

그런데 과연 '혼자' 하는 게 좋을까. 성경은 뭐라 말씀하는가? 기도할 때 골방에 들어가 문을 닫고 은밀한 중에 보시는 아버지를 만나라는 말씀이 있다(마 6:6). 그렇다. 주님과 독대하는 골방의 자리는 무척 중요하다. 하지만 여럿이 모인 다락방에 임한 하나님의 역사 또한 성경에 기록되어 있다.

사복음서에 등장하는 제자들은 십자가 앞에서 모두 도망갔지만, 사도행전을 보면 순교를 무릅쓰고 복음을 전하는 이들로 완전히 탈바꿈한다. 그들이 마가의 다락방에 함께 모여 오직 기도에 힘쓸 때 그 자리에 임한 성령께서 그들을 뒤집어 놓으셨다. 예수님이 시몬에게 '반석'이라는 뜻의 '베드로'라는 이름을 지어주시며 약속하신 말씀을 보자.

또 내가 네게 이르노니 너는 베드로라 내가 이 반석 위에 내 교회
를 세우리니 음부의 권세가 이기지 못하리라 마 16:18

에클레시아, 곧 교회 공동체를 음부의 권세가 이기지 못한
다고 약속해주셨다. 공동체를 세우신 건 전적인 하나님의 생
각이며 하나님도 공동체로 존재하신다. 하나님, 예수님, 성령
님은 세 분 하나님이시며, 또 완전한 하나라고 말씀하신다.

우리가 삼위일체의 신비를 정확히 이해하기는 어렵다. 죄로
인해 '연합'을 거부하는 존재로 타락했기에 온전한 하나 됨을
잘 알지 못한다. 하지만 예수님을 통해 연합과 하나 됨이 회
복되었기에 그분을 따라가는 삶이라면 점점 그 은혜의 맛을
알아가리라.

그런데 사단 또한 연합의 비밀을 우리보다 잘 아는 듯, 우
리를 하나 되지 못하게 막는다. 공동체에서 떼어놓기 위해 유
혹하며 최선을 다한다. 말세의 대표적인 특징이기도 하다.

너는 이것을 알라 말세에 고통하는 때가 이르러 사람들이 자기를
사랑하며 딤후 3:1,2

"자기를 사랑하며", 다른 이를 사랑하지 않는다. 다른 사람이 귀찮아 공동체를 거부한다. 기도 역시 혼자 하고, 자신과 가족을 위해서만 기도하고 싶어 한다.

다른 이들, 교회, 나라, 열방을 위한 중보기도는 뒤로 미룬다. 먼저 그의 나라와 의를 구하라고 하신 예수님의 말씀과 대조되는 기도이다. 개인주의적이며 이기적인 기도는 결코 하나님이 기뻐하시는 기도가 아니다.

공동체 안에 들어가 함께 믿음을 지켜가고, 함께 기도하라. 하나님 안에서 공동체를 이루고 신앙생활을 이어간다는 건 크나큰 축복이다. 물론 함께 사랑하며 연합하는 데는 어려움도 따른다. 우리가 연약하기에 서로의 다름으로 부딪히기도 하고, 마음이 상하는 일도 있다. 하지만 단점만을 부각해 공동체를 거부하는 건 거짓의 아비인 사단이 반길 일이다.

공동체 안에서 누리는 복은 비교할 수 없이 크다. 하나님의 자녀들이 서로 사랑하며 연합하여 돕고 하나님나라를 함께 세워가는 게 주님이 기뻐하시는 뜻임을 수많은 성경 말씀이 거듭 말해준다.

아버지여, 아버지께서 내 안에, 내가 아버지 안에 있는 것같이 그들도 다 하나가 되어 우리 안에 있게 하사 세상으로 아버지께서 나를 보내신 것을 믿게 하옵소서 내게 주신 영광을 내가 그들에게 주

었사오니 이는 우리가 하나가 된 것같이 그들도 하나가 되게 하려 함이니이다 요 17:21,22

너희가 서로 사랑하면 이로써 모든 사람이 너희가 내 제자인 줄 알리라 요 13:35

진실로 다시 너희에게 이르노니 너희 중의 두 사람이 땅에서 합심하여 무엇이든지 구하면 하늘에 계신 내 아버지께서 그들을 위하여 이루게 하시리라 두세 사람이 내 이름으로 모인 곳에는 나도 그들 중에 있느니라 마 18:19,20

한 사람이면 패하겠거니와 두 사람이면 맞설 수 있나니 세 겹줄은 쉽게 끊어지지 아니하느니라 전 4:12

모이기를 폐하는 어떤 사람들의 습관과 같이 하지 말고 오직 권하여 그날이 가까움을 볼수록 더욱 그리하자 히 10:25

그에게서 온몸이 각 마디를 통하여 도움을 받음으로 연결되고 결합되어 각 지체의 분량대로 역사하여 그 몸을 자라게 하며 사랑 안에서 스스로 세우느니라 엡 4:16

연합과 기도의 힘

예전에 양 무리와 늑대 이야기를 인상 깊게 들었다. 동물의 세계를 통해 공동체가 얼마나 중요한지 느낄 수 있었다. 양 무리 근처에는 생각보다 가까운 곳에 늑대가 있다고 한다. 그런데 신기하게도 양 무리가 함께 다닐 때는 공격하지 않고 주변을 맴돌며 지켜보다가 무리에서 이탈하는 양이 있으면 즉시 달려들어 사냥한다고 한다.

사단도 우리가 믿음의 공동체에서 이탈하기를 호시탐탐 노린다. 그래서 공동체로 모이기를 귀찮아하거나 회의를 느끼도록 유혹한다. 그러다 공동체에서 떨어져 나와 공동체의 보호로부터 무방비 상태가 되면 하나님과 멀어지는 삶으로 이끌어간다. 사단의 영혼 사냥이 시작되는 것이다.

이십 대 초반에 아버지가 돌아가신 후 방황하면서 교회로부터 멀어지고 싶었다. 큰 교회에서 혼자 주일예배만 드리고, 공동체에는 들어가지 않았다. 그렇게 하나님과 멀어져 점점 세상을 따라갔고, 내 삶의 크고 작은 영역이 세속적인 것들로 채워졌다.

사단이 그야말로 나를 쥐고 흔들었다. 하지만 나는 내가 변해가는 걸 인식하지 못했다. 그러던 어느 날, 교회 소그룹 모임에 참석하게 되었다. 사실 친구를 따라 우연히 간 거였다.

그날 대학생들의 모임에서 큰 은혜를 받았고, 그곳에서 뭔지 모를 온기와 안정감을 느꼈다. 그 따뜻함과 위로가 얼어붙었던 내 마음을 녹여주었다. 처음 본 나를 위해 손을 얹고 기도해주는데 알 수 없는 눈물이 흘렀다.

그 한 번의 발걸음이 내 인생을 바꿨다. 모임을 마치고 돌아온 후에도 자꾸 생각났다. 다시 가고 싶은 마음이 간절했다. 이후 계속 모임에 참석하여 예배를 드리면서 주님을 인격적으로 뜨겁게 만났다. 세상을 따라 사는 줄도 몰랐던 내 모습을 회개했고, 하나님이 기뻐하시는 인생을 살고 싶어졌다.

공동체 안에서 함께 사랑하고, 기도하며, 예배하고, 섬기며 그 안으로 깊이 들어갔다. 그리고 공동체와 함께 자라며 좁은 문, 좁은 길을 걷다 보니 교회 공동체의 사모로 서게 되었다. 나처럼 하나님을 향해 새롭게 나아가는 많은 영혼을 품고 섬기며 끌어주는 영적 어미로, 공동체 안에서 복된 인생으로 거듭난 것이다.

믿음의 공동체에서 자주 느끼는 것은, 혼자 갈 수 없는 길을 함께라면 갈 수 있다는 것이다. 혼자 가면 넘어지고 지치는 길을, 함께 가면 서로 밀어주고 끌어주며 갈 수 있다. 마치 철새가 무리 지어 날아가듯이. 철새가 그토록 먼 길을 여행할 수 있는 이유는 함께하기 때문이라고 한다.

새들이 브이(V) 자를 그리며 떼 지어 날아가는 모습을 보았을 것이다. 새가 혼자 날 때보다 브이 자 대형을 이루어 함께 날 때 심장박동과 날갯짓 횟수가 10퍼센트 이상 감소한다고 한다. 뒤따르는 새가 앞에 가는 새의 박자에 맞춰 날갯짓을 하고, 앞서가는 새가 지치면 따라가던 다른 새와 위치를 바꾸기도 한다. 그렇게 '함께' 가기에 수천, 수만 킬로미터를 날아갈 수 있는 것이다. 이처럼 하나님께서 만드신 피조물은 본능적으로 공동체를 이루어 살아간다.

그런데 피조물 중 유일하게 자유의지를 얻은 인간만이 선악과를 따먹은 후, 하나님의 창조 원리를 거스르는 존재가 되어 버렸다. 타락한 본성이 하나님의 성품을 거부하고 밀어내며 반대로 가고자 한다. 공동체로 모이기보다는 혼자가 더 편하다. 이타성을 밀어내고 개인주의와 이기주의를 따른다.

하지만 예수님의 보혈이 우리를 새롭게 하지 않았는가. 타락한 본성을 거슬러 하나님이 본래 창조하신 그분의 형상을 닮은 모습으로. 모이기를 힘쓰고, 하나 되기를 힘쓰며, 나보다 남을 낫게 여기며, 서로를 불쌍히 여기며, 서로 사랑하는 존재로 거듭났다.

이것이 우리에게 약속된 새 언약이다. 여전히 엎치락뒤치락하는 옛 자아의 모습이 남아있어도 주님께서 우리를 새 언약의 자녀로 거듭 이끌어가신다.

우리가 다 하나님의 아들을 믿는 것과 아는 일에 하나가 되어 온
전한 사람을 이루어 그리스도의 장성한 분량이 충만한 데까지 이
르리니 엡 4:13

바벨론 왕궁으로 끌려간 다니엘 역시 세 친구가 있어서 포
로임에도 믿음의 길을 갈 수 있었다. 그들이 없었다면 다니엘
이 과연 믿음을 지켜낼 수 있었을까. 뜻을 정하여 왕의 음식과
포도주로 자기를 더럽히지 않을 수 있었던 이유는, 믿음의 동
역자들과 함께였기 때문일 것이다.

느부갓네살 왕이 꿈을 꾸고 번민하여 갈대아의 모든 지혜
자들을 불러 자신이 꾼 꿈과 해석을 보이라고 했고, 다니엘은
그 죽음의 위기를 세 친구와 함께 이겨낸다(단 2:13-18). 다니
엘은 왕에게 해석을 알려줄 테니 시간을 달라고 청한 후에 곧
바로 믿음의 동역자인 세 친구에게 알리고 함께 기도한다. 하
나님께서 그들에게 응답하시어 다니엘에게 모든 환상과 비밀
을 알게 하심으로써 죽음의 위기에서 건져내신다.

그들은 함께 기도함으로써 죽음의 골짜기를 넘어갔고, 포
로 출신이지만 영향력 있는 높은 자리에 앉게 된다. 연합과 기
도로 바벨론 가운데 하나님의 섭리를 풀어가는 귀한 통로로
쓰임 받은 것이다.

출애굽기 17장의 아말렉 전투에서 승리한 이스라엘은 또 어떤가. 승리는 다름 아닌 공동체의 힘에 있었다. 전장에서는 여호수아가 군대를 이끌었고, 모세는 아론과 훌과 함께 산꼭대기로 올라간다.

> 여호수아가 모세의 말대로 행하여 아말렉과 싸우고 모세와 아론과 훌은 산꼭대기에 올라가서 모세가 손을 들면 이스라엘이 이기고 손을 내리면 아말렉이 이기더니 모세의 팔이 피곤하매 그들이 돌을 가져다가 모세의 아래에 놓아 그가 그 위에 앉게 하고 아론과 훌이 한 사람은 이쪽에서, 한 사람은 저쪽에서 모세의 손을 붙들어 올렸더니 그 손이 해가 지도록 내려오지 아니한지라 출 17:10-12

여호수아와 이스라엘 백성들은 합심하여 전쟁터에서 치열하게 싸웠다. 동시에 모세와 아론과 훌은 산 위에서 기도로 함께 싸웠다. 모세의 기도하는 손이 올라가면 이스라엘이 이기고, 그 손이 내려오면 아말렉에게 승세가 기울었다. 다른 공간에 있는 듯 보이지만 그들은 분명 함께였다.

이들은 시공간을 초월해 영적 공동체로 서로 연결되었다. 전쟁터에서 피땀 흘려가며 육신으로 싸우는 이스라엘 공동체와 모세의 손이 내려오지 않도록 양팔을 붙들고 사력을 다해 기도하는 모세와 아론과 훌의 기도 공동체가 하나로 묶여있다. 이들의 연합으로 이스라엘은 전쟁에서 대승을 거둔다. 이것이 바로 공동체의 힘이다.

성령의 띠로 묶인 공동체

코로나19로 모이기가 어려워지고, 비대면 예배를 드리면서 공동체의 연결이 약해질까 두려웠다. 물론 이 시간을 통해 그동안 누려온 많은 것이 당연한 게 아니었음을 새삼 깨달았다. 또한 예배와 공동체의 소중함을 절실히 느끼고, 하나님과 독대하여 깊이 만나는 은혜가 있었다.

하지만 교회는 연합이 끊어지는 걸 최대한 경계하며, 하나 됨을 지켜야 한다고 믿었다. 이 시간을 어떻게 지혜롭게 돌파해야 할지 함께 기도하며 고민했다.

그래서 온라인 예배로 전환했지만 소그룹 셀 모임의 강점을 살려 각 소그룹으로 모임을 이어가기로 결정했다. 각 셀의 리더들과 지체들이 자신의 집을 개방해 집집마다 모여서 온라인 예배를 드렸고, 그 모습을 줌(zoom)으로도 연결해 모든 성도가 서로의 모습을 볼 수 있게 했다. 물론 정부의 방역 지침을 지키는 선에서 해나갔다.

링크만 공유한 채 각자 집에서 예배를 드리다 보면 자칫 온전한 예배를 놓칠 수 있지만, 소수라도 모이기를 힘쓰다 보니 예배드리는 자세와 마음가짐이 달랐다. 줌을 통해 서로의 모습을 볼 수 있어서 복장이나 예배의 집중도가 흐트러지지 않았다. 그리고 다 같이 한자리에 모일 수 없으니 오히려 공동체를 향한 애틋한 마음이 올라왔다.

한목소리로 힘껏 부르던 찬양 시간이 그리워 찬양을 부를 때 하염없이 눈물이 흐르기도 했다. 코로나 시대가 안겨준 외로움과 회의감으로 소그룹 모임을 더 소중히 여기는 마음도 생겼다. 셀 공동체에서 나눔이 깊어지고, 서로를 위한 기도도 더 뜨거워졌다.

물론 모이는 것 자체를 부담스러워하고 꺼리는 지체들도 있었다. 심지어 온라인으로 예배만 드리겠다며 공동체를 떠나는 이들도 있었다. 하지만 어떻게든 연합의 끈을 놓치지 않기 위해 애쓰는 공동체를 통해 힘을 얻고 서로를 더욱 소중하게 여기는 지체가 대부분이었다. 함께 코로나 시대를 겪으며 오히려 공동체가 더 단단해지는 것을 느꼈다.

한번은 한 형제가 코로나19에 감염되어 교회에 비상이 걸렸다. 현장 예배가 가능할 때라 교회에서 예배도 드리고 셀 모임도 해서 많은 성도가 코로나 검사를 받아야 했다. 물론 마스크도 잘 쓰고 거리를 유지하며 예배를 드렸지만 검사 결과가 나오기까지 형제와 그의 아내는 바짝 긴장하며 두려움에 휩

싸였다. 게다가 아내는 임신 중이었는데, 유산 가능성이 있어 산부인과 검진을 앞두고 있었다.

그 부부는 자신들로 인해 교회에 감염된 지체가 있거나 교회가 폐쇄되는 상황에 이를까 봐 몹시 미안해했다. 셀 리더들이 모인 SNS 단체 채팅방에 그를 위로하는 글이 하나둘 올라왔다.

"기도로 같이 이겨나가요! 속히 회복되길 기도할게요."

"저도 기도합니다! 두 사람의 몸과 마음을 지켜주시길 기도할게요."

"힘내요! 기도할게요."

"자매의 복중 태아를 지켜주시길 기도합니다!"

"마음이 복잡하겠어요. 주님이 몸과 마음을 지켜주시길 기도합니다!"

"이 모든 상황에 하나님이 함께하시고, 함께 이겨나가길 기도할게요."

숱한 격려의 메시지와 기도가 올라왔다. 그날 밤, 남편과 나는 집에서 랜선 기도회를 열었다. 이날은 코로나19 감염자 발생으로 교회 출입도 막아서 매일 하던 기도회를 취소한 상황이었다. 하지만 이럴 때일수록 공동체의 기도가 절실했다.

함께 기도로 돌파해나가길 바라는 마음으로 집에서 휴대폰으로 기도회를 중계했다. 나는 기타를 치고 남편은 어린 아들을 안고 기도회를 인도했다. 온 교회가 각자의 자리에서 함께 부르짖었다.

각자 다른 공간에 있었지만 기도로 하나 됨을 느꼈다. 기도회 전후의 영적 분위기가 완전히 달라졌다. 걱정과 두려움에 눌려있던 마음이 평안한 마음으로 바뀌었다. 단체 채팅방에 불붙듯 글이 올라왔다. 서로 격려하고 기도하고 힘내자는 메시지로 가득 찼다. 공동체가 성령 안에서 사랑의 띠로 단단히 연결되어 견고해지는 것 같아 진심으로 감사했다.

다행히 형제의 아내 외에는 감염된 사람이 아무도 없었다. 그리고 자매에게도 하나님의 특별한 위로가 있었다. 자매와 통화할 때 이런 간증을 했다.

"하나님의 살아계심을 늘 경험해보고 싶었는데, 사실 잘 느껴지지 않았어요. 그런데 오늘 저희를 위해 기도해주실 때, 정말 간절한 마음으로 무릎 꿇고 두 팔을 번쩍 들고 기도했거든요. 그러자 공동체의 중보기도가 폭포수 쏟아지듯이 부어지는 강한 느낌을 받았어요. 심지어 두 팔이 그 무게감에 확 내려오는 경험을 했고요. 기도의 힘이 얼마나 강하게 느껴지는지 놀라웠어요."

이후에 자매가 산부인과 검진을 받기까지 우리 모두 기도를 이어갔다. 하지만 태아는 유산되고 말았다.

너무 안타까웠지만, 우리는 하나님께서 부부의 마음을 지켜주시고 가장 좋은 때에 다시 태의 문을 여서서 믿음의 자녀를 주시길 함께 기도했다. 그 후 자매와 다시 통화할 기회가 있었다.

"사모님, 사실 우리는 교회에서 그림자 같은 존재라고 생각했어요. 둘 다 조용한 성향이어서 늘 뒤에서 묵묵히 일하는 게 감사하기도 하지만 우리의 존재감이 너무 없는 건 아닐까 생각했어요. 그런데 이번 일을 통해 공동체가 우리를 주목하고 사랑하는 것을 여실히 느꼈어요. 그리고 온 교회의 기도를 받으며 힘든 일을 넘기니까 신기할 정도로 마음이 많이 회복됐어요. 공동체의 사랑과 소중함을 깨닫는 시간이 되어서 감사합니다."

자매의 고백이 너무도 소중하고 고마웠다. 공동체의 기도가 어떤 어려움도 이겨낼 힘을 공급해준다는 걸 깨닫는 귀한 계기가 되었다.

1 믿음의 공동체에 잘 속해있는가? 공동체를 거부하고
  개인주의 신앙을 추구하는 모습이 있다면 공동체를 사모하는
  새로운 마음을 구해보자.

2 현재 공동체에 속해있지 않다면, 믿음의 여정을 함께 갈 수 있는
  공동체를 만나게 해달라고 기도하자.

하나 됨을 위한
기도

진정한 코이노니아

코로나 기간이 길어지면서 신기하게 새신자들이 꾸준히 교회로 오고 있다. 예수님을 아예 모르던 불신자들이 와서 주님을 인격적으로 만나고, 그들의 삶에 변화가 나타나는 걸 본다. 신앙이 있던 지체들도 코로나 시기에 해이해졌던 믿음을 다시 일으키고자 오기도 하고, 인터넷으로 대체된 공동체가 그리워 찾아오기도 한다.

'코로나 시대에 과연 새신자가 있을까?' 하는 우려와 달리 주님이 교회에 많은 영혼을 보내주신다. 그것도 갈급한 심령으로 마음밭이 준비된 영혼들을. 이 세상이 흔들려도 하나님이 함께하시는 곳은 요동하지 않는다. 주님 안에 연합된 코이노니아는 폭풍 속에서도 평안을 누릴 수 있다.

몇 해 전, 지금도 선명하게 기억나는 꿈을 꾸었다. 남편과 함께 길을 걸어가는데 갑자기 빗방울이 한두 방울씩 떨어졌다. 우리는 잠시 지나가는 소나기려니 했다. 그런데 아주 빠른 속도로 빗방울이 굵어지더니 거세게 몰아치기 시작했다.

남편과 나는 정신없이 뛰었다. 얼마나 숨을 헐떡거리며 뛰었는지 자고 일어나서도 그 느낌이 또렷했다. 열심히 달리는데 비가 도로마다 차오르더니 저 멀리에서 쓰나미가 밀려왔다. 말로만 듣던 무서운 재앙을 마주하며 급하게 밀려오는 쓰나미를 피하려고 정신없이 달렸다.

그러다 사람들이 많이 모인 어느 들판에 다다랐다. 사람들은 혼비백산 우왕좌왕했고, 쓰나미는 빠른 속도로 다가왔다. '이제 죽었구나' 하고 생각하는데 쓰나미를 뚫고 자동차 한 대가 질주해왔다. 차는 우리가 서있는 곳까지 와서 멈췄다. 그런데 차에서 내리는 사람들의 표정이 너무 놀라웠다. 우리와 다르게 아주 평안하고 심지어 즐거워 보였다.

그 차는 마치 살아 움직이는 듯한 신령한 물로 덮여있었는데, 쓰나미의 영향을 받지 않는 듯 안전해 보였다. 남편과 나는 차를 주목하며 "우리도 저 차에 타야 해!"라고 말하면서 뛰어가다가 잠에서 깼다.

마치 영화의 한 장면에 들어갔다 나온 것처럼 너무나 생생한 꿈이었다.

'대체 무엇을 의미하는 꿈일까?'

그때는 해석이 되지 않았다. 하지만 주님께서 뭔가 보여주신 의미 있는 꿈이 아닐까 생각하며 마음에 간직한 채 남편에게 나누었다. 그러고 나서 코로나19 팬데믹이 찾아왔고, 우리는 많은 일을 겪으며 그 꿈을 기억했다.

우리가 그때 타야 한다고 했던 차는 성령님과 함께하는 '현대판 방주'를 의미하는 건 아닐까. 방주 안에 함께하는 믿음의 공동체가 오직 주님의 말씀을 붙들고 함께 기도할 때 코로나19 팬데믹보다 더한 것이 찾아와도 믿음의 여정을 갈 수 있으리라 믿는다.

하나 됨을 힘써 지키라

사실 서로 다른 기질과 성향, 시기와 질투, 각자의 생활 방식과 상처 등으로 하나 되기가 쉽지 않다. 온전히 하나 되어 서로를 낮게 여기며, 배려하고 용서하며, 또 순종하고 사랑하기까지 많은 씨름과 눈물과 상당한 시간이 필요하다. 그래서 세상은 이 수고를 하지 않는다. 사방으로 울타리를 치고 어느 정도 경계를 두고 개인주의화 되는 게 당연해 보인다.

하지만 그리스도인은 하나 되어야 하고, 그러기 위해 힘써야 한다. 아프고, 힘들고, 물질과 시간이 들더라도 헌신해야 한다. 그것이 우리가 사는 길이고, 우리를 향한 하나님의 뜻이기 때문이다.

함께할 때 서로를 통해 다듬어진다. 혼자서는 거룩하고, 친절하고, 사랑이 많게 느껴지다가도 공동체 안에서 다른 지체와 부대끼다 보면 스스로 얼마나 무정하고, 인색하며, 사랑이 없는 자인지 알게 된다. 이를 통해 진정한 온유와 오래 참음과 용납과 섬김을 배운다.

또한 내 힘만으로는 되지 않기에 예수님의 사랑을 붙들 수밖에 없다. 그 사랑을 깨달으면 나 자신만을 위한 기도가 아닌 참된 중보기도를 배울 수 있다. 그리고 서로를 향한 기도로 주님 뜻대로 살아갈 용기와 힘을 얻는다.

우리 공동체는 소그룹(셀) 모임, 중보기도 팀, 양육 팀, 사역 팀, 리더 모임 등 다양한 모임에서 운영하는 단체 SNS가 많다. 그러다 보니 소식 공유가 빠르고 주로 기도 제목을 활발히 전달한다.

누군가 질병으로 치료받거나 수술해야 할 때, 가족 중에 어려움을 당하는 사람이 있거나 직장에 어려운 일이 있을 때 등 기도 지원이 필요한 다양한 기도 제목이 공유된다. 각자 삶을 살다가도 기도 제목이 올라오면 잠시 하던 일을 멈추고 짧게라도 기도한다. 그리고 지체들이 기도로 응원한다는 댓글을 달아준다.

하루는 한 자매를 위한 기도 요청이 올라왔는데, 자매의 소그룹 리더가 공유해주었다. 치과에 스케일링을 받으러 갔다가 혹이 발견되었는데, 구강암일 수 있으니 큰 병원에 가서 정밀검사를 받아보라고 한 상황이었다.

자매는 두려움에 눌리지 않도록 마음을 지켜주시고, 검사 과정에 함께해주시고, 아무 이상이 없도록 기도 부탁을 해왔다. 그러자 채팅방의 모든 사람이 기도하기 시작했고, 응원의 메시지가 이어졌다. 자매는 리더로부터 소식을 전해 듣고, 개인적으로 연락하며 마음 써주는 지체들을 통해 큰 위로를 받았다.

사실 자매는 최근 들어 공동체에 매너리즘을 느꼈다고 한다. 처음 공동체에서 받았던 은혜가 어느덧 시들해지고, 관계 가운데 실망해 가까운 몇몇 지체와만 교제하고 있었다. 그런데 잘 모르는 지체들까지도 자신을 위해 기꺼이 기도해주는 모습에 크게 감동했다.

그러자 자매에게서 회개가 터져 나왔다. 공동체에 무관심했던 자신의 모습을 돌아보며 다시 공동체를 사랑하고, 다른 이를 위해 기도하는 자로 성장하겠다고 다짐했다.

검사 결과 자매는 다행히 암이 아니었고, 이후 스스로 '새 사람'이 되었다고 할 정도로 정말 많이 달라졌다. 무엇보다 공동체에 대한 마음과 태도가 달라졌다. 지금은 공동체를 사랑하고 섬기는 자로 무럭무럭 자라고 있다.

공동체의 단점에만 집중하고 모임을 허무는 자로 있을 게 아니라 하나님이 말씀하신 공동체의 유익에 주목하며 힘써 지켜내는 자가 되길 간절히 바란다.

모든 겸손과 온유로 하고 오래 참음으로 사랑 가운데서 서로 용납하고 평안의 매는 줄로 성령이 하나 되게 하신 것을 힘써 지키라 몸이 하나요 성령도 한 분이시니 이와 같이 너희가 부르심의 한 소망 안에서 부르심을 받았느니라 엡 4:2-4

천국의 집주소가 바뀌었다

담임목사님이 항암의 골짜기에서 씨름하던 시절, 같은 암으로 투병하던 자매가 있었다. 먼저 항암을 경험하신 목사님이 그녀의 어깨를 감싸 안으며 다독이시던 모습이 아직도 또렷하게 떠오른다.

어느 주일 오전 예배가 시작되기 전, 자매는 항암 부작용으로 화장실에 쓰러져 의식을 잃었다. 성도 중 응급의가 있어 자매에게 심폐소생술을 하는 동안에 구급차가 도착했다. 위중한 상태였던 자매는 응급실을 거쳐 중환자실로 옮겨졌다.

계속 의식이 돌아오지 않자 병원에서는 그녀를 떠나보낼 준비를 하라고 말했다. 교회 공동체가 큰 충격과 슬픔에 잠겼다. 마침 특별새벽기도 기간이어서 수많은 지체가 기도의 자리에 나와 눈물로 기도했다. 늦은 밤에도 교회를 찾아와 눈물로 부르짖는 지체가 있었다.

그리고 며칠 후 자매의 의식이 돌아왔다. 기적이었다. 이후에도 어려운 고비가 있었지만, 몇 년이 흐른 지금 자매는 감사하게도 건강을 되찾았다.

이전의 자매는 육신뿐 아니라 영적으로도 연약했는데, 그 후로 몰라보게 달라졌다. 하나님이 살려주셔서 덤으로 사는 인생이라고 느낀 자매는 하나님 없이 살 수 없는 믿음의 사람으로 성장하여 교회 공동체에서 리더로 기쁘게 섬기고 있다.

어느 날, 모임 중에 리더들을 위해 기도해주고 싶은 감동이 들었다. 그래서 한 사람씩 정성을 다해 기도해주었는데, 그녀를 위해 기도할 때 주님의 음성이 마음에 들려왔다.

'천국의 집주소가 바뀌었다.'

'네? 천국의 집주소가 바뀌었다고요?'

개인적 신앙에 머무르던 자매가 새롭게 거듭나 하나님과 공동체를 사랑하는 자로 살게 되어 업그레이드된 천국의 집을 예비해두셨다고 말씀하시는 것 같았다.

공동체의 뜨거운 눈물의 기도를 들으시고 자매에게 새 삶을 허락하셔서 공동체를 사랑하고 헌신하도록 인도해가시는 하나님의 섭리가 참으로 아름답고 놀라웠다.

교회에 암으로 투병하는 또 다른 자매를 위해 교회 공동체가 눈물로 함께 기도하고 있다. 그리고 주님 품으로 보내드린 목사님을 위해서도 교회가 온 힘을 다해 뜨겁게 기도했었다. 그런데 주님의 응답은 모두 달랐다.

목사님은 주님 품으로 데려가셨고, 자매는 치유해주셨고, 또 다른 자매는 아직 씨름 중이다. 우리는 무엇이 옳고 그르다고 할 수 없다.

각기 달라 보여도 모두 선하신 주님의 뜻 아래 있기에 그것을 인정하고 신뢰하며 기도할 뿐이다. 공동체와 함께 기도할 수 있는 건 정말 큰 은혜이다. 사망의 음침한 골짜기를 지날지라도 주님과 함께, 믿음의 동역자와 함께 걸어간다는 건 엄청난 은혜이다.

호위무사가 되어주세요

어느 주일 설교 시간에 남편이 사도행전 강해를 하다가 선포했다.

"여러분, 제 호위무사가 되어주세요. 말씀 사역자의 호위무사가 되어주세요."

바울이 2차 전도여행 때 마게도냐에서 복음을 전하며 많은 위험에 처했을 때, 여러 형제가 그를 보호해준 말씀을 전하며 말했다.

하나님께서는 교회 공동체에 말씀을 주신다. 매주 목회자의 설교를 통해 말씀의 양식을 먹이신다. 이를 통해 실제로 우리를 자라게 하신다. 우리에게 허락하신 삶의 터전에서 말씀을 붙들고, 하나님의 뜻대로 살아갈 힘을 주신다.

사단은 그 말씀의 통로로 세운 목회자를 얼마나 무너뜨리고 싶을까. 말씀 준비를 얼마나 방해하고 싶을까. 또한 성도가 말씀을 전하는 목회자를 판단하거나 오해하고 미워하도록 열심히 부추기지는 않을까. 사단은 영적 권위자의 권위를 인정하지 않고, 그저 말씀을 전하는 사람으로만 치부하게 만든다.

목사는 하나님께서 말씀을 공급하시는 통로로 세우신 사람이다. 그 자리에 권위를 부여해주셨고, 그를 통해 하나님의 사랑과 권면과 뜻을 공급하신다. 그럼에도 혹 그가 하나님 앞에 불의하고 범죄하면 심판하실 것이다. 하지만 우리에게 그 심판의 자리를 주시지 않았다. 그것은 하나님의 주권이기 때문이다.

그래서 목회자는 늘 두렵고 떨림으로 하나님 앞에 엎드려야 한다. 하나님이 부여해주신 자리에서 그분의 이름을 망령되게 하지 않고 자신의 정욕과 연약함으로 그분의 영광을 가리지 않도록 항상 먼저 그의 나라와 의를 구하며 전심으로 맡기신 양들을 섬겨야 한다.

하나님께서 주의 종들을 세우고 지키기 위해 오늘도 쉬지 않고 일하시지만, 성도도 주의 종을 위해 기도해야 한다. 그가 맡은 자리를 충성되게 섬기도록, 또한 그를 넘어뜨리고 방해하려는 원수의 공격으로부터 주님이 그를 지켜주시도록.

그래서 남편도 목회자의 호위무사가 되어달라고 성도에게 요청했을 것이다. 이 기도는 사실 목회자만을 위한 기도가 아니라 공동체와 모든 성도를 위한 기도이다.

하나님이 맡기신 자리에서 정결하고 충성된 마음으로 그 일을 온전히 수행할 때 공동체는 열매를 맺는다. 하나님의 말씀이 온전히 선포되면 그 말씀을 통해 성도 각자의 삶에 응답을 받고 권면을 받아 나아갈 길을 분별하게 된다. 그로 인해 그의 가정과 직장에 하나님의 뜻이 흘러가고, 하나님나라와 의가 설 수 있다.

또한 자신의 목자인 말씀 사역자를 위해 기도할 때 그를 사랑하는 마음도 생겨난다. 그러면 자연스럽게 그의 말씀과 섬김을 통해 은혜를 받고, 그것이 성도의 삶에 흘러들어 풍성한 열매를 맺는다. 그래서 자신의 목자를 사랑하지 않으면 은혜의 통로가 막힐 수밖에 없다.

아이가 자랄 때도 만 세 살까지 양육자와 깊은 애착 관계를 형성한다고 한다. 그런 아이는 건강하게 안정적으로 자라지만 애착 관계가 약한 아이는 늘 사랑에 목말라한다. 그 결핍이 여러 부분에서 문제를 일으킨다. 모든 피조물의 이치가 그렇다. 사랑의 관계로 연결되어 있을 때 존재감이 넘치고 생명이 흐른다.

이 책을 읽고 있는 당신 역시 공동체와 사랑으로 연결되어 세우신 목자를 위해 기도하며 풍성한 공급을 받아 누리길 축복한다. 만일 속한 공동체에서 사랑으로 연합할 수 없다면 비판의 자리에 있기보다는 당신이 힘껏 사랑함으로 하나 될 수 있는 공동체를 찾길 바란다.

그리고 또다시 문제가 생기더라도 공동체를 옮겨 다니지 말고 끝까지 아픔과 슬픔과 기쁨과 감사를 풍성히 누리고 나누며 자라갈 공동체가 되도록 전심으로 기도하라.

우리가 한 몸에 많은 지체를 가졌으나 모든 지체가 같은 기능을 가진 것이 아니니 이와 같이 우리 많은 사람이 그리스도 안에서 한 몸이 되어 서로 지체가 되었느니라 …
형제를 사랑하여 서로 우애하고 존경하기를 서로 먼저 하며 …
즐거워하는 자들과 함께 즐거워하고 우는 자들과 함께 울라 서로 마음을 같이하며 높은 데 마음을 두지 말고 도리어 낮은 데 처하며 스스로 지혜 있는 체하지 말라 …

할 수 있거든 너희로서는 모든 사람과 더불어 화목하라

롬 12:4,5,10,15,16,18

1 교회 공동체에 속해있다면 공동체를 위한 기도 제목을 적어보자.

2 그 공동체의 목회자나 리더를 향한 마음은 어떤가?
  그들을 지지하고 사랑함으로 은혜를 공급받을 수 있도록
  기도하자.

3 주님의 몸 된 공동체를 사랑하고 섬길 수 있도록 기도하라.
  구체적으로 할 수 있는 일을 적어보자.

PRAYER

ANSWER

LESSONS

4
PART

응답받는
기도 배우기

CHAPTER 1

역대상을 통해
배우는 기도

야베스 vs 르우벤

역대기 저자는 분명하지 않지만 에스라가 유력하다고 본다. 바벨론 포로에서 돌아온 이스라엘 민족이 다시 믿음을 회복하고 다윗 시대를 기억하며 그때의 믿음을 재현하고자 기록한 말씀이다.

사람이 기록했으나 하나님의 감동으로 쓰였다. 하나님께서 에스라를 통해 포로 생활을 마치고 돌아온 백성에게 하시고 싶은 말씀이 기록되어 있다. 이는 오늘날 이 시대를 살아가는 우리에게도 동일한 울림을 준다.

역대상의 구조는 1장부터 9장까지 족보가 이어진다. 족보에 나오는 인물들을 알지 못하면 읽기가 지루하고 이름도 어려워서 지나치기가 쉽다. 하지만 어느 정도 성경을 알고 인물들의 배경 이야기를 알면 족보를 읽는 것만으로도 하나님의 경륜이 한눈에 들어와 감격스러울 것이다(당신이 그 은혜를 누릴 수 있기를 축복한다).

그런데 이름을 나열하다가 인물을 잠깐 설명하고 지나갈 때가 있는데, 그건 하나님께서 우리에게 꼭 해주고 싶은 이야기가 있으시다는 것이다.

나는 그중 '야베스'가 눈에 들어왔다. 그는 역대상 4장에 처음 나오고 그 후로 찾아볼 수 없는 인물이다. 단 두 절에 기록된 짧은 이야기이지만 '야베스의 기도'라는 책이 있을 정도로 인상적이다. 이 구절로 지은 찬송시도 있고, 야베스의 이름을 내건 기도회도 들어보았다. 그만큼 강력한 도전을 주는 말씀이었다.

> 야베스는 그의 형제보다 귀중한 자라 그의 어머니가 이름하여 이르되 야베스라 하였으니 이는 내가 수고로이 낳았다 함이었더라 야베스가 이스라엘 하나님께 아뢰어 이르되 주께서 내게 복을 주시려거든 나의 지역을 넓히시고 주의 손으로 나를 도우사 나로 환난을 벗어나 내게 근심이 없게 하옵소서 하였더니 하나님이 그가 구하는 것을 허락하셨더라 대상 4:9,10

이름이 얼마나 중요한가. 한 사람의 삶이 예견되기도 해서 더욱 신중하게 짓는데, '야베스'라는 이름의 의미는 '고통'이다. 단 두 절의 기록뿐이어서 그의 어머니가 어떤 배경과 동기로 이름을 지었는지는 정확히 알 수 없지만, 그 인생의 출발이

순탄해 보이지 않는다. 어쩌면 미래에도 고통 가운데 살 것을 예고편처럼 보여주는 듯하다.

실제로 야베스는 빈농 출신의 지극히 평범하고 가난한 사람으로 성경에 크게 회자될 만한 큰 인물은 아니었다. 오늘날로 말하면 흙수저 인생이랄까. 하지만 그에게는 특별한 점이 있었다. 바로 그의 '믿음'이다.

"이스라엘 하나님께 아뢰어 이르되 주께서 내게 복을 주시려거든"(10절)에서 보듯이 자기 인생을 비관하며 연민에 빠지기보다 하나님께서 복을 주시는 분임을 믿고 담대히 구했다.

"나의 지역을 넓히시고 주의 손으로 나를 도우사 나로 환난을 벗어나 내게 근심이 없게 하옵소서"(10절).

하나님께서 갇히고 눌린 그의 고통의 삶을 넓히시고, 친히 손을 뻗으셔서 그를 붙드사 환난에서 벗어나 근심으로부터 자유케 하실 줄 믿었다. 자신의 고통에 집중하기보다 하나님께 집중하며 기도함으로 '고통'이라는 이름의 야베스는 다른 형제보다 '귀중한 자'가 되었다. 흙수저 인생이 빛나는 '하나님수저 인생'이 되었다. 믿음의 기도로 빛나는 삶을 개척했다.

때로 우리는 내가 가진 약한 것을 비관하거나 자기연민에 빠져 하나님을 원망한다. 아니면 내 힘으로 만회하려 하거나 세상에서 열심히 수고하느라 주님과 멀어진다. 의외로 많은 크리스천이 문제 앞에서 기도하기보다 다른 방법을 찾는다. 그런 우리에게 성경은 야베스를 통해 도전한다. 고통과 환난과 근심에서 너를 벗어나게 할 이는 바로 하나님이시니 그분께 구하라고.

이것은 우리가 생각하는 세상에서의 소유나 문제 해결에만 국한된 게 아니다(물론 실제적인 삶의 문제 해결도 포함한다). 물질적으로 풍부해도 마음이 병든 이들이 얼마나 많은가. 세상 성공을 이루고 많은 걸 소유해도 공허함으로 허덕이는 이들에게 영원히 목마르지 않은 생수를 주시는 분은 오직 우리 주님 뿐이시다(요 4:14).

영혼의 문제든 눈에 보이는 환경과 육적 필요의 문제든 그 고통과 환난에서 우리를 건지실 이는 오직 하나님이시다. 그 방법이 우리 생각과 다를지라도 가장 좋은 방법으로 풀어가실 분 역시 그분이시다.

주님을 찾고 구하고 두드려라. 기도의 골방으로 들어가라! 그분을 신뢰하며 야베스처럼 구할 때 응답을 받는 축복을 누릴 것이다.

이어지는 르우벤의 이야기는 야베스와 대조를 이루는 교훈을 준다.

이스라엘의 장자 르우벤의 아들들은 이러하니라 (르우벤은 장자
라도 그의 아버지의 침상을 더럽혔으므로 장자의 명분이 이스라엘
의 아들 요셉의 자손에게로 돌아가서 족보에 장자의 명분대로 기록
되지 못하였느니라) 대상 5:1

르우벤은 '아브라함-이삭-야곱'이라는 믿음의 계보를 잇
는 영광스러운 가문의 장자로 태어났다. 야베스에 비하면 그
야말로 '금수저 인생'이다. 무려 그의 아버지가 야곱, 이스라엘
이다!

그런데 그는 자신의 정욕을 제어하지 못했다. 하나님을 경
외하고 의식하지 않았다. 이스라엘의 장자라는 게 무색하게
받은 것도 지켜내지 못했다. 그의 출발은 야베스보다 월등했
으나 그 끝은 비할 수 없이 초라했다. 그는 하나님을 아는 듯
했으나 모르는 자였다. 믿음으로 나아가는 자가 아니라 정
욕에 붙들린 자였다.

믿음의 1세대의 영적 전쟁

교회 안에도 부모 세대 혹은 그 윗 세대부터 신앙을 이어받
은 모태신앙인과 불신 가정에서 태어나 1세대를 개척하는 이들
이 있다. 그들의 모습에서 가끔 르우벤과 야베스를 발견한다.

몇 대째 모태신앙인 지체들을 보면 이런 생각이 든다.

'이들은 부모 세대로부터 받은 복이 많구나. 형통하고 평안한 은혜가 있구나.'

그런데 정작 본인은 하나님을 잘 모르는 경우가 있다. 믿음의 가문 3,4대라 자랑하지만 그의 믿음이 빛나 보이지 않는다. 이들을 기도의 자리에서 찾아보기 힘들고, 그의 삶에서 주일을 지키는 것 외에는 세상 사람과 다른 점을 찾아보기가 어렵다.

반면에 1세대여서 많은 영적 전쟁을 치르며 어려움을 겪었지만, 자신의 하나님을 부여잡고 치열하게 기도의 자리를 지키는 이들이 있다. 그들은 눈물 마를 날 없이 늘 주님 앞에 나아가 기도하기를 힘쓴다. 한 걸음 한 걸음 기도로 개척해가는 삶이 힘겹다고 고백하면서도 오직 주님만을 붙드는 그들의 눈물겨운 씨름이 전자의 삶보다 더 복되게 느껴진다.

물론 믿음의 선조로부터 신앙을 이어받아 더더욱 아름답게 꽃피우는, 그야말로 이상적이고 모범적인 삶을 살아가는 믿음의 지체들도 있다. 그러나 혹 르우벤처럼 놓치고 있는 이들이 있다면 깨어있으라고 권면하고 싶고, 야베스와 같은 이들이 있다면 더 힘차게 응원해주고 싶다.

내가 섬기는 더사랑하는교회에는 믿음의 1세대가 꽤 많다.

우리 교회에 와서 처음 예수님을 믿고 신앙생활을 시작해 믿지 않는 부모님을 전도하기도 한다. 그래서 청년이 대다수인 교회에 자녀를 통해 뒤늦게 믿은 장년부 어른들이 많다.

우리 교회에 와서 예수님을 믿고 남편을 만나 교회 곳곳에서 크고 작은 사역을 섬기는 한 자매를 소개하고 싶다. 자매의 남편 역시 믿음의 1세대로 부모님을 전도했지만, 자매의 부모님은 아직 복음을 받아들이지 않으신다.

그 자매가 찬양할 때 아이처럼 얼마나 기쁜 표정을 짓는지 모른다. 그리고 기도할 때는 아이처럼 펑펑 우는 모습을 자주 본다. 헌신할 때는 하기 싫고 고민되는 마음과 씨름하면서도 결국은 헌신의 길을 선택하는 그녀의 솔직한 모습이 내게 도전을 준다.

초신자 때는 신앙의 모습도 아기 같았는데, 몇 년이 흐른 지금은 제법 장성한 믿음이 보인다. 성장하는 모습을 곁에서 지켜보며 친동생처럼 가깝게 지내는데, 매년 변화하고 성장하는 모습이 기특하고 고맙다.

그런데 최근에 부모님이 이혼 위기를 맞았다. 자매는 부모님의 갈등을 지켜보며 무척 마음 아파했다. 하지만 눈물로 기도하며 부모님을 자주 만났고, 때로는 두 분 사이에서 감정을 받아내느라 지치기도 했다. 하지만 그 마음을 예배의 자리에 들고나와 주님 앞에서 울었다.

또 공동체에 중보를 요청하며 포기하지 않고 계속 주님께 올려드렸다. 그러자 조금씩 회복할 기미가 보이기 시작했다. 함께 중보한 지체들도 기뻐하며 응원했다.

자매는 소그룹 리더로 섬기며 최선을 다했다. 오랜 취업 준비로 지쳐있는 지체를 위해 아침마다 영상 통화를 하며 함께 기도했고, 얼마 전 그 지체의 취업 소식을 듣고 자기 일처럼 얼마나 기뻐했는지 모른다.

물려받은 신앙 유산이 없고 부모님의 갈등으로 낙심과 원망에 빠질 수도 있지만, 그녀는 주님을 부여잡고 눈물로 기도를 심으며 맡은 자리에서 충성을 다했다. 마치 야베스처럼.

주님이 자매의 기도를 들으시고 그 가정을 꼭 주님 품으로 인도하시리라 믿는다. 또한 자매의 가정에 장차 주실 자녀가 기대된다. 야베스 같은 엄마 밑에서 자랄 믿음의 다음세대는 얼마나 빛날까.

당신은 야베스인가, 르우벤인가? 혹시 르우벤처럼 하나님의 자녀라는 엄청난 유업을 보지 못한 채 욕심에 이끌려 살지는 않는가? 원수가 유혹하는 헛된 욕심에 붙들려 하나님의 유업을 쉽게 내던지지는 않는가? 아니면 흙수저로 태어난 삶을 비관하며 염세적으로 세상을 바라보진 않는가? 또는 굳이 하나님을 찾을 필요를 느끼지 못한 채 자신의 힘으로 바쁜 나날을 보내지는 않는가?

눈을 들어 주님을 바라보자. 모든 생사화복의 주관자는 오직 우리 주님이시다. 영원히 목마르지 않은 솟아나는 샘물을 부어주시는 분이 내 아버지 하나님이시다. 걱정과 고통에서 벗어나게 하실 이도 그분뿐이시다. 우리 하나님만이 나를 도우시고 환난에서 벗어나 근심이 없게 하시는 분임을 믿고 기도하자. 고통의 삶이 귀한 삶으로 변화될 것이다.

1 나는 야베스에 가까운가, 르우벤에 가까운가?

2 야베스처럼 고난을 당해도 오직 하나님을 의뢰하는 믿음으로
   기도하자.

3 르우벤과 야베스처럼 물려받은 신앙의 유산이 있는가?
   내 믿음은 지금 어떠한가? 받은 것마저 놓치는 연약한 믿음이
   아니라 참된 믿음의 사람으로 꽃피울 수 있도록 기도하라.

CHAPTER 2

하나님 코드에
맞는 기도

다윗의 용사들처럼

역대상 10장부터 마지막 29장까지는 다윗의 이야기이다. 다윗의 인생은 그야말로 '하나님을 보여준다.' 하나님이 어떤 분이고, 그분과 관계 맺는 삶이 무엇인지 증거한다. 한 개인을 넘어서 나라와 민족 가운데 역사하시는 하나님도 만나볼 수 있다. 그러면서 하나님을 온전히 사랑하는 한 사람이 얼마나 중요한지 말해준다.

11장에 '다윗의 용사들'이 소개되는데, 그중에서도 첫째가는 세 용사에 대해 이야기하고 싶다.

삼십 우두머리 중 세 사람이 바위로 내려가서 아둘람 굴 다윗에게 이를 때에 블레셋 군대가 르바임 골짜기에 진 쳤더라 그때에 다윗은 산성에 있고 블레셋 사람들의 진영은 베들레헴에 있는지라 다윗이 갈망하여 이르되 베들레헴 성문 곁 우물물을 누가 내게 마시게 할꼬 하매 이 세 사람이 블레셋 사람들의 군대를 돌파하고 지나가

서 베들레헴 성문 곁 우물물을 길어가지고 다윗에게로 왔으나

대상 11:15-18

베들레헴 성에 진 치고 있는 블레셋 군대와의 대치 상황에서 다윗은 목이 탔다. 그렇게 타는 심정으로 "저 베들레헴 성문 곁 우물물을 누가 내게 길어다 마시게 해줄까!"라고 내뱉는 다. 그런데 이 말이 정말 베들레헴 성문 곁 우물물을 떠다 달라는 이야기였을까.

이 말은 명령이라기보다 전쟁 상황 가운데 힘든 마음을 표현한 것이 아니었을까. 다윗도 이 말을 하면서 문자 그대로 물 떠오는 용사가 있을지 기대했을까.

그런데 세 명의 용사가 다윗이 말한 대로 블레셋 군대를 돌파하고 베들레헴 성문 곁 우물물을 길어서 그들의 군주에게 돌아왔다. 이들이 다윗의 말을 명령으로 이해해서였을까 아니면 왕의 인정과 상급을 받을 절호의 기회라고 여겨서였을까. 그러기에는 너무도 무모한 모험이었고, 목숨을 걸어야 하는 일이었다.

왜 세 용사는 위험천만한 일을 감행했을까? 군주 다윗을 사랑해서가 아닐까. 그의 탄식 소리에 애가 타고 그를 위로하고픈 마음에 목숨을 건 충성을 다하지 않았을까. 사랑하지 않으면 할 수 없는 일이다. 그들은 자신보다 왕을 사랑했다.

마음과 뜻과 힘과 생명을 다해 사랑했다. 그래서 성경은 이들을 첫째가는 용사로 꼽은 것이다.

그리고 그들의 눈물겨운 사랑과 충성에 반응하는 다윗의 자세도 멋지다. 그 영광을 자신이 취하지 않고 하나님께 올려드린다(대상 11:18,19).

다윗은 용사들의 충성을 소중하게 받았다. 호기롭게 자신의 리더십을 자랑하며 떠들지 않았다. 그 우물물이 용사들의 생명 값임을 알았기 때문이다. 그들의 헌신적 사랑에서 기인한 것임을 잘 알았다. 그래서 그것을 하나님께 부어드린다. 값진 사랑과 충성을 마땅히 받으셔야 할 분이 하나님이시라고 고백한다. 다윗과 세 용사의 이야기에서 예수 그리스도의 사랑이 느껴지고, 하나님 아버지의 마음이 흐른다. 너무나 아름다운 이야기이다.

나도 다윗의 용사들처럼 충성된 모습으로 기도할 수 있으면 좋겠다. 사랑하기에 의무를 넘어선 충성으로 하는 기도. 내가 예전에 맡은 사역 때문에 의무감으로 헉헉대며 기도하던 시절, 이 말씀을 만났다. 세 용사의 이야기를 여러 번 곱씹고 묵상하면서 무거운 짐이 가벼워짐을 느꼈다.

그리고 인색했던 내 마음을 회개했다. 사랑하면 할 수 있는 것을…. 아니, 사랑하면 되는 것을! 주님을 사랑하고 맡기신 양을 사랑함으로 오 리를 가달라고 하면 십 리를 같이 가주라는 예수님의 말씀이 무엇인지 알 것 같았다(마 5:41).

사랑하면 기도의 짐이 가벼워진다. 기도할 수 있어서 감사하게 되고, 기도로 더욱더 살아난다. 또한 그렇게 기도할 때 보석 같은 영혼들을 얻을 수 있다.

사랑의 힘으로

실은 멋진 세 용사 이전에 소년 다윗이 있었다. 아무도 보지 않는 들판에서 양 떼를 사랑함으로 충성하는 그를 하나님이 지켜보셨고, 후에 그에게 그분의 백성, 영혼들을 맡기셨다. 그리고 그에게서 소년 다윗을 꼭 닮은 세 명의 용사가 나왔고, 뒤이어 수많은 용사가 탄생했다.

다윗이 사울에게 말하되 주의 종이 아버지의 양을 지킬 때에 사자나 곰이 와서 양 떼에서 새끼를 물어가면 내가 따라가서 그것을 치고 그 입에서 새끼를 건져내었고 그것이 일어나 나를 해하고자 하면 내가 그 수염을 잡고 그것을 쳐죽였나이다 삼상 17:34,35

사자나 곰이 와서 양을 물어가면 어떻게 하겠는가. 어쩔 도리가 없지 않겠는가. 사자와 곰과 싸워서 양을 지켜내는 것까지 의무는 아니다. 그러다 목숨을 잃을 수도 있으니. 하지만 소년은 자신의 양을 사랑했기에 자기 생명을 돌아보지 않고 사자나 곰과 기꺼이 맞서 싸웠다. 이것이 사랑의 힘이다.

이 힘은 어디서 왔을까? 다윗은 하나님을 사랑했다. 하나님에게 사랑을 배우고 그 사랑에 힘입어 양 떼를 사랑함으로 의무를 넘어선 충성으로 지켜냈다. 그런 다윗과 동행한 용사들 또한 그 사랑을 배웠기에 생명을 건 충성을 바쳤다.

의무감에 허덕이며 하는 기도가 아니라 주님의 사랑을 배우고 힘입은 기도는 영혼을 살린다.

교회에서 소그룹 리더로 섬기며 맡기신 영혼을 주님께 올려드리며 날마다 기도했다. 기도 골방에서 씨름하며 그들을 사랑할 수 있는 마음을 구했더니 주님이 먼저 내게 사랑을 부어 주셨고, 그 사랑의 잔이 넘쳐 그들을 사랑하게 되었다. 한 영혼 한 영혼이 너무나 소중하고 예뻐 보였다.

하루는 소그룹 채팅방에 이런 마음을 고백했다.

'너희를 위해 기도하는데 너무 사랑스러워서 눈물이 나네. 참 신기하지? 이건 내 사랑이 아니야. 주님께서 너희 한 사람 한 사람을 정말 사랑하시는 것 같아. 그래서 내게 그 마음을 마구 부어주시나 봐. 우리 소그룹을 너무도 사랑합니다. 하나님의 소중한 걸작품들.'

글을 적으면서 눈물이 핑 돌았다. 그 사랑이 감사하고 소중해서. 또 사랑이 없는 내게 이런 사랑을 나누게 하시는 주님의 사랑이 신비하고 놀라워서. 그렇게 섬긴 지체가 성장해 리더가 되어 자신이 맡은 양들을 위해 눈물과 헌신으로 영혼들을 섬기는 모습을 본다.

> 새 계명을 너희에게 주노니 서로 사랑하라 내가 너희를 사랑한 것
> 같이 너희도 서로 사랑하라 너희가 서로 사랑하면 이로써 모든 사
> 람이 너희가 내 제자인 줄 알리라 요 13:34,35

하나님과 코드 맞추기

해외여행을 갈 때 전기가 필요한 물건을 잔뜩 챙겨 갔다가 전압이 맞지 않아 무용지물이 될 뻔한 적이 있다. 다행히 함께 간 언니가 어댑터를 챙겨온 덕분에 사용할 수 있었다. 코드가 맞지 않으면 아무리 좋은 제품이라도 소용이 없다.

하나님 앞에 나아갈 때도 나름 선한 의도와 간절함이 있다 해도 하나님과 코드가 맞지 않으면 응답받지 못하거나 그분을 오해하는 일이 생긴다. 역대상 13장과 15장에 나오는 하나님의 궤를 옮기는 이야기를 통해 교훈을 얻을 수 있다.

우리가 우리 하나님의 궤를 우리에게로 옮겨오자 사울 때에는 우

리가 궤 앞에서 묻지 아니하였느니라 하매 뭇 백성의 눈이 이 일을
좋게 여기므로 온 회중이 그대로 행하겠다 한지라 대상 13:3,4

다윗은 하나님의 궤를 옮겨오고 싶었다. 분명 선한 의도였
다. 사울 왕 때와 다르게 하나님을 경외하며 온전히 주님께
묻고 순종하는 나라가 되길 바라는 갈망으로 시작한 일이었
다. 백성도 다윗의 의도를 좋게 여겼다. 다윗과 이스라엘 백성
이 주님을 사모하는 한마음으로 시작한 일이었다.

하나님의 궤를 새 수레에 싣고 아비나답의 집에서 나오는데 웃사
와 아히오는 수레를 몰며 다윗과 이스라엘 온 무리는 하나님 앞에
서 힘을 다하여 뛰놀며 노래하며 수금과 비파와 소고와 제금과 나
팔로 연주하니라 대상 13:7,8

새 수레에 하나님의 궤를 실었다. 수레는 당시 고급 교통수
단이었다. 오늘날로 치면 새로 뽑은 고급 세단으로 정성껏 하
나님의 궤를 모셨다고 할 수 있다. 그뿐만 아니라 힘을 다해
모든 악기를 총동원하여 뛰놀며 온몸으로 주님을 찬양했다.
그런데 어떻게 되었는가? 하나님의 진노로 웃사가 죽는 사건
이 일어났다(대상 13:9-11).

죽음은 심판이다. 하나님의 궤를 모셔오는 축제에 찬물이

제대로 끼얹어졌다. 선한 의도로 정성과 힘을 다했는데 왜 심판이 임했을까?

다윗은 두려움에 빠져서 "내가 어떻게 하나님의 궤를 내 곳으로 오게 하리요"(대상 13:12)라고 읊조렸다.

'선한 의도로 했는데 어째서 하나님의 궤를 모셔올 수 없단 말인가? 왜 하나님께서는 그것을 막으시는가? 마음과 힘을 다해 찬양했건만 왜 주님께서는 거절하셨는가?'

그는 혼란스러웠을 것이다. 하나님의 성품이 의심스러웠을지도 모르겠다. 어쩌면 서운한 마음도 들지 않았을까.

한번은 내가 하는 일과 사역으로 하나님을 기쁘시게 해드리고픈 마음에 나름 계획하고, 금식까지 해가며 기도한 적이 있었다. 그런데 주님이 그 계획을 받아주시는 느낌이 들지 않았다. 혼자서만 발버둥 치는 기분이었다.

분명 마음속 동기를 살펴봐도 주님을 사랑하는 마음으로 했는데 왜 응답이 없으신지 의아했다. 내가 불평을 늘어놓자 남편이 한마디 했다.

"좋은 마음으로 한 건 나도 알겠는데, 당신 지금 뭔가 하나님의 코드에 맞지 않는 것 같아."

'하나님의 코드에 맞지 않는다고?'

정확히 무슨 말인지 이해되지 않았지만 남편의 말이 날카로운 검처럼 마음에 꽂혔다. 그래서 곰곰이 묵상해보았다. 감사하게도 역대상 말씀을 통해 해답을 얻었다.

혼란에 빠졌던 다윗이 15장에 와서 달라졌다. 길을 찾았다. 하나님의 코드를 발견한 것이다. 주님이 정하신 규례와 질서를 깨달았다.

> 다윗이 이르되 레위 사람 외에는 하나님의 궤를 멜 수 없나니 이는 여호와께서 그들을 택하사 여호와의 궤를 메고 영원히 그를 섬기게 하셨음이라 하고 … 그들에게 이르되 너희는 레위 사람의 지도자이니 너희와 너희 형제는 몸을 성결하게 하고 내가 마련한 곳으로 이스라엘의 하나님 여호와의 궤를 메어 올리라 전에는 너희가 메지 아니하였으므로 우리 하나님 여호와께서 우리를 찢으셨으니 이는 우리가 규례대로 그에게 구하지 아니하였음이라 하니
>
> 대상 15:2,12,13

여호와의 언약궤는 아무나 멜 수 없고, 반드시 하나님께서 정하신 레위 지파만이 직접 어깨에 메어 옮길 수 있었다. 이는 그분이 정하신 질서이다. 선한 의도를 가지고 최선을 다해도 정하신 질서와 규례를 무시하면 결국 불순종이고 악한 것이다. 하나님께서는 다윗과 그의 백성에게 이것을 가르치셨다.

나 역시 이 말씀을 통해 아무리 좋은 의도라 해도 하나님이

정해두신 질서 안에서 하고 있는지 돌아보게 되었다. 그리고 내가 놓친 부분을 깨달았다. 곧 그 지점으로 돌아가서 하나님의 말씀을 간과했던 부분을 바로잡았다.

이것은 내게 무척 중요한 경험이었다. 리더로서 다른 지체들을 섬길 때 반드시 알아야 할 교훈이었다. 실제로 지체들에게 이 교훈을 통해 도움을 준 경우가 꽤 많았다.

내가 섬기던 소그룹의 한 자매 이야기이다. 자매는 가정에서 처음 예수님을 영접한 믿음의 1세대로, 가족의 구원을 위해 기도하며 애쓰고 있었다. 그러다 보니 장차 만날 배우자와는 믿음의 가정을 이루길 소망했다. 물론 배우자를 위한 기도 목록에는 믿음 외에도 바라는 게 더 있었다.

그러던 어느 날, 자매의 이상형에 가까운 남자가 나타나 자매에게 고백했다. 같은 직장에 다니던 사람이었다. 그런데 모든 조건이 맞는 듯한 그에게 신앙이 없었다.

그래서 자매가 그에게 〈교회 오빠〉라는 영화를 보여주면서 예수님에 대해 이야기했다. 그리고 믿지 않는 남자와 교제할 수 없다고 말했다. 다행히 그의 반응은 긍정적이었고, 예수님을 알고 싶고 교회에 가볼 의향이 있다고 말했다. 자매는 그를 주일예배에 데려와 소개했다.

하지만 나는 자매를 위해 날마다 중보하며 믿음의 가정을 이루기를 바랐던 리더로서 교제를 마냥 반길 수 없었다. 불신자의 경우, 마음에 드는 이성과 교제하기 위해 잠깐 교회에 관심을 보이다가 결혼 뒤에 결국 믿음이 생기지 않는 경우를 많이 보았기 때문이다. 심지어 전도한 지체마저 믿음을 잃는 걸 수없이 보았다.

물론 불신자는 그가 예수님을 만날 수 있도록 정성을 다해 도와야 하는 대상이다. 하지만 그 대상이 평생 함께할 배우자라면 얘기가 좀 달라진다. 그래서 그와 교제하는 걸 반대했다. 하지만 자매는 그에게 예수님을 소개했고, 그가 교회에 다닐 의사가 있을 뿐만 아니라 나머지 모든 조건이 자신이 기도했던 것과 꼭 맞는 사람이라며 힘들어했다.

그래서 나는 역대상 말씀으로 도전했다.

"아무리 내 눈에 좋아 보여도 하나님의 규례와 질서에 어긋나면 언약궤를 옮길 수 없던 다윗처럼, 지금 괜찮아 보여도 신앙고백이 확인되지 않은 형제와 결혼을 전제로 교제한다는 건 믿지 않는 자와 멍에를 함께 메지 말라는 주님의 말씀에 합당치 않으니 다시 한번 생각해봐."

그러면서 자매에게 바로 교제하지 말고 연락도 자제하면서 그가 실제로 자신의 하나님으로 고백할 수 있을지 시간을 두고 지켜보자고 권면했다. 자매는 기도 가운데 순종의 마음을 받아 그에게 솔직하게 말하며 다른 교회에서 신앙생활을 해보길 권면했다.

감사하게도 그는 출석할 교회를 찾았고, 예배를 드리며 예수님을 자신의 구원자로 영접했다. 그리고 짧은 시간에 스스로 십일조를 드리는 헌금 생활을 하기까지 믿음이 자라났다. 마침내 두 사람의 만남은 교제로 이어졌고, 지금은 부부가 되어 양가에 구원의 문이 열리도록 함께 기도하는 믿음의 동역자가 되었다.

자매는 처음 말씀에 순종하고자 할 때, 그를 놓칠 각오까지 했다. 정말 하나님이 주신 믿음의 배우자라면 그가 변화될 것이고, 그렇지 않다면 헤어질 사람이라 믿으며 인도하심을 구했다. 그 역시 자매의 그런 결단 앞에 믿음을 갖는 것을 진지하게 고민했다.

덕분에 그는 '자매의 하나님'이 아니라 '자신의 하나님'을 만날 수 있었다. 시간이 흘러 두 사람이 다시 만났을 때, 그동안 자신이 하나님을 만나며 기도한 노트를 들고나와 읽어주었다고 한다. 자매는 크게 감동하며 감사의 고백을 드렸다.

하나님의 질서 아래, 그분의 규례대로, 그분의 코드에 맞추어 기도하는 게 결국 진정한 하나님의 은혜와 복을 누리는 열쇠이다.

혹시 당신도 좋은 의도로 열심을 내어 기도하지만 주님의 침묵 속에 힘들어하고 있는가? 다시 돌아가 찬찬히 더듬어보기를 바란다. 그것이 하나님의 규례와 질서에 맞는지, 그분의 코드에 맞는지 잘 살펴보라.

1 현재 내 기도 제목들이 하나님의 코드에 맞는지 돌아보며
   기록해보자.

2 하나님의 뜻과 질서에 대해 묵상해보자.
   주님의 말씀을 따라 분별하며 순종하도록 기도하자.

3 내 의와 뜻보다 하나님의 의와 뜻을 우선시하는
   순종의 사람이 되도록 기도하라.

CHAPTER 3

마음의 동기가
올바른 기도

먼저 하나님을 생각하는 마음

그런즉 너희는 먼저 그의 나라와 그의 의를 구하라 그리하면 이 모든 것을 너희에게 더하시리라 마 6:33

이 말씀은 우리가 너무도 잘 아는, 살면서 꼭 붙들어야 할 말씀이다. 그런데 진정 우리의 마음이 먼저 그의 나라와 의를 향하고 있는가. '받고 싶은 것'에 시선을 더 집중하지는 않는가. 실은 나도 더 받고 싶은 마음에 먼저 그의 나라를 애써 구하려 하거나 구하는 척 외식할 때도 있었다.

이런 우리에게 경종을 울리는 다윗의 인생이 역대상에 기록되어 있다. 실제 그의 삶을 통해 먼저 하나님을 구하는 것과 자신에게만 집중하는 삶이 얼마나 다른 결과를 초래하는지 여실히 드러난다.

다윗이 그의 궁전에 거주할 때에 다윗이 선지자 나단에게 이르되 나는 백향목 궁에 거주하거늘 여호와의 언약궤는 휘장 아래에 있도다 대상 17:1

다윗은 자신은 화려한 궁전에 사는데 하나님의 언약궤가 휘장 아래 있는 게 마음에 걸렸다. 그래서 언약궤를 모실 성전을 건축하고 싶었다. 하나님을 생각하는 마음이었다. 사랑하는 주님을 위해 할 수 있는 일을 생각하다가 품은 소원이었다. 이에 대해 하나님께서 나단 선지자를 통해 응답해주신다 (대상 17:3-15).

마치 다윗에게 이렇게 말씀하시는 듯하다.

"아들아, 괜찮다. 내가 이스라엘을 이끌어낸 날로부터 지금까지 너희와 함께 이곳저곳을 옮겨 다니며 지냈지. 나는 누구에게도 나를 위해 집을 지어달라고 요구한 적이 없어. 나는 너희가 거처할 땅과 집을 마련했지만 나는 괜찮다. 그런데 어찌넌 내게 집을 지어줄 생각을 했느냐?"

자신의 필요만을 구하던 자녀가 어느덧 자라서 부모의 필요를 생각하면 부모의 마음이 어떨까. 너무 예쁘고 고마워서 무엇이라도 더 내어주고 싶은 마음이 들지 않을까. 다윗은 하나님 아버지의 마음을 울렸다. 감동하신 하나님께서는 그가 구하지도 않은 복까지 약속하신다.

그러므로 이제 너는 내 종 다윗에게 전하여라. '나 만군의 주가 말한다. 양 떼를 따라다니던 너를 목장에서 데려다가, 내 백성 이스라엘의 통치자로 삼은 것은, 바로 나다. 나는, 네가 어디로 가든지 언제나 너와 함께 있어서, 네 모든 원수를 네 앞에서 물리쳐 주었다. 나는 이제 네 이름을, 이 세상에서 위대한 사람들의 이름과 같이 빛나게 해주겠다.' 대상 17:7,8, 새번역

양치기 출신의 다윗을 왕으로 세우신 하나님께서 그와 영원히 함께하시며 모든 원수를 물리쳐 주시고, 위대한 사람들의 이름처럼 그의 이름을 높여주겠다고 약속하신다. 그리고 백성이 더는 떠돌아다니지 않고 한곳에 정착하여 살며, 악한 원수로부터 억압받는 일이 없도록 지켜주겠다고도 약속하신다.

나라와 그의 가문에 대한 약속도 주신다. 사사시대와 달리 사방에 적이 굴복하는 평화의 시대를 약속하시며, 초대 왕 사울과 달리 다윗 가문을 폐하지 않으시고, 왕위를 튼튼히 세워 끝까지 가도록 하겠다고 약속하신다. 또한 그가 소원했던 성전 건축도 그의 자녀를 통해 이루겠다고 말씀하신다.

다윗 개인과 백성, 나라와 그의 후손에게까지 그야말로 어마어마한 약속을 해주신다. 특히 약속의 마지막 부분, 그의 가문(왕조)에 대한 말씀은 우리의 깊은 부분까지도 꿰뚫어 보시는 주님의 전지하심과 배려를 느낄 수 있다.

다윗은 초대 왕 사울의 가문이 무너지는 걸 분명히 보았다. 따라서 자신의 자녀 세대로 왕위가 승계될지가 가장 큰 고민이자 소원이지 않았을까. 하지만 그것을 하나님 앞에 아뢰지 않았다. 그렇다고 그것을 계산한 다윗의 한 수가 있었던 것도 아니다.

하나님께 감사하고 그분을 찬양하며 사랑했다. 그런 다윗의 중심을 아시는 하나님이 차마 그분 앞에 꺼내놓지 못하는 큰 근심을 확실히 덜어주셨다. 자주 느끼는 것이지만, 하나님은 스케일이 정말 크시다. 우주를 지으신 그분 앞에 먼지만큼도 안 되는 미미한 존재인 우리는 가끔 그분의 크심에 압도당해 할 말을 잃는다. 다윗의 마음이 꼭 그랬던 것 같다.

"주 하나님, 내가 누구이며 내 집안이 무엇이기에, 주님께서 나를 이러한 자리에까지 오르게 해주셨습니까? 하나님, 그런데도 주님께서는 이것도 오히려 부족하게 여기시고, 주님의 종의 집안에 있을 먼 장래의 일까지 말씀해주셨습니다. 주 하나님, 주님께서는 나를 존귀하게 만드셨습니다." 대상 17:16,17, 새번역

그의 기도에서 그런 마음이 절절히 느껴진다. 자신과 나라와 백성과 먼 미래에 있을 후손의 복까지 약속하신 하나님의 사랑에 얼마나 벅차올랐을까. 하나님을 위해 성전을 지어드

리고픈 자신의 작은 소원이 이렇게 놀라운 축복의 약속으로 돌아올 줄 상상이나 했을까.

먼저 그의 나라를 구할 때 모든 것을 더하시는 하나님의 사랑은 참으로 놀랍다.

하나님의 이 대단한 사랑은 그의 왕위를 이어받은 솔로몬 시대에 절정을 이룬다. 인간으로서 누릴 수 있는 최고의 부귀영화를 누린 이가 솔로몬이 아닐까. 그런데 안타깝게도 그의 결말은 타락으로 귀결된다. 하나님나라와 의를 좇다가도 어느새 자신에게 집중하는 게 인간이다. 영적으로 무너지고 서서히 잠들어 가는 걸 모를 수 있다.

원수는 우리가 눈치채지 못하는 사이에 주님과의 거리를 서서히 두게 하려고 고군분투한다. 또는 유독 내가 잘 걸려드는 약점에 넘어지게 한다. 어느 쪽이 되었든 먼저 그의 나라와 의가 아닌 자신에게 집중할 때, 모든 것을 더하시는 은혜를 받는 대신에 도리어 모든 걸 잃어버릴 수도 있다.

욕심이 부른 재앙

역대상 21장으로 넘어가면 인구조사를 하는 다윗의 이야기가 나온다.

사단이 일어나 이스라엘을 대적하고 다윗을 충동하여 이스라엘을 계수하게 하니라 다윗이 요압과 백성의 지도자들에게 이르되 너희는 가서 브엘세바에서부터 단까지 이스라엘을 계수하고 돌아와 내게 보고하여 그 수효를 알게 하라 하니 대상 21:1,2

'사단이 다윗을 충동하여' 이스라엘을 계수하게 했다고 한다. 겉으로 보기에는 전쟁을 대비해 싸움에 나갈 수 있는 장정이 얼마나 되는지 조사하는 것으로, 충분히 명분이 있어 보인다. 하지만 성경은 그의 마음 중심을 고발한다.

다윗의 동기는 하나님으로부터 온 게 아니었다. 나라가 점점 강성해지면서 힘과 위력을 확인하고 과시하고 싶었던 것 같다. 하나님의 은혜로 성장하는 나라임을 간과하고 자신의 힘에 집중했다. 그러나 하나님을 향한 시선을 놓치고 자신에게 집중했을 때, 도리어 자랑하고 싶던 인구가 급격하게 줄어드는 재앙을 만난다.

갓이 다윗에게 나아가 그에게 말하되 여호와의 말씀이 너는 마음 대로 택하라 혹 삼 년 기근이든지 혹 네가 석 달을 적군에게 패하여 적군의 칼에 쫓길 일이든지 혹 여호와의 칼 곧 전염병이 사흘 동안 이 땅에 유행하며 여호와의 천사가 이스라엘 온 지경을 멸할 일이든지라고 하셨나니 내가 무슨 말로 나를 보내신 이에게 대답할지를 결정하소서 하니 다윗이 갓에게 이르되 내가 곤경에 빠졌도다 여호와께서는 긍휼이 심히 크시니 내가 그의 손에 빠지고 사람의 손에 빠지지 아니하기를 원하나이다 하는지라 이에 여호와께서 이스라엘 백성에게 전염병을 내리시매 이스라엘 백성 중에서 죽은 자가 칠만 명이었더라 대상 21:11-14

하나님이 이스라엘을 치심으로 단 사흘 만에 백성 7만 명이 전염병으로 목숨을 잃었다. 이를 택한 이가 다름 아닌 다윗이라는 사실이 더 슬프다. 하나님께서 그의 죄에 대해 벌을 내리시기 전에 세 가지 선택권을 주셨다.

1) 삼 년 기근
2) 석 달 동안 다윗이 적군의 칼에 쫓기기
3) 삼 일 전염병

다윗의 대답은 이랬다.

"괴롭기 그지없습니다. 그래도 주님은 자비가 많으신 분이니, 차라리 그분의 손에 벌을 받겠습니다. 사람의 손에 벌을 받고 싶지는 않습니다."

여전히 자신을 내려놓지 못하는 모습이 엿보인다. 이전의 양을 사랑하던 다윗이라면 "차라리 제가 적군에게 쫓길 테니 이 백성을 보호해주세요"라고 하지 않았을까. 결국 사람에게 쫓기지 않기를 원한 그의 선택으로 수많은 백성이 목숨을 잃어야 했다.

그리고 그제야 다윗이 정신이 든 것 같다.

다윗이 눈을 들어 보매 여호와의 천사가 천지 사이에 섰고 칼을 빼어 손에 들고 예루살렘 하늘을 향하여 편지라 다윗이 장로들과 더불어 굵은 베를 입고 얼굴을 땅에 대고 엎드려 하나님께 아뢰되 명령하여 백성을 계수하게 한 자가 내가 아니니이까 범죄하고 악을 행한 자는 곧 나이니이다 이 양 떼는 무엇을 행하였나이까 청하건대 나의 하나님 여호와여 주의 손으로 나와 내 아버지의 집을 치시고 주의 백성에게 재앙을 내리지 마옵소서 하니라 대상 21:16,17

죽어 나가는 자신의 양 떼를 보며 다윗은 하나님 앞에 엎드린다. 그의 마음이 얼마나 괴로웠을까. 먼저 그의 나라와 의를 생각하며 영혼을 위해 목숨을 드리던 이는 어디로 갔단 말인가. 어느덧 자기중심으로 변해버린 자신의 모습을 보며 뼈아픈 눈물을 흘렸으리라.

다윗은 왕복 대신 베옷을 입고 회개의 자리에 나아가 상당한 값을 치르고 번제를 드린다. 비로소 오르난의 타작마당에서 심판이 그친다. 그리고 아들 솔로몬 시대에 바로 그 자리에 성전이 세워진다. 자신에게 집중했던 시선을 내려놓고 회개의 눈물을 뿌리며 번제를 올려드린 자리에 주님의 성전이 세워진 것이다.

다윗의 이야기는 우리 자신을 돌아보게 한다. 우리 역시 하나님을 향한 시선을 놓치고 나에게 집중할 때가 많다. 먼저 그의 나라와 의를 구하기보다는 먼저 내 욕심과 행복을 붙잡고 싶을 때가 많다. 다윗처럼 그 자리에서 다시 시선을 주님께로 향하고, 정과 욕심을 태워버리는 번제를 올려드리자. 내 정과 욕심을 따를 때 도리어 많은 걸 잃어버릴 수 있음을 부디 기억하자.

부끄러운 고백이지만, 나 역시 교회를 사랑하고 영혼을 사랑하는 마음을 놓치고 스스로 성공해서 명예와 물질을 잡고 싶은 욕심이 이따금 올라왔다. 그럴 때면 갑자기 열심히 하던 사역도 무가치하게 여겨지고, 심지어 사역하는 남편을 만난 게 원망스럽기까지 했다.

같은 학교 선후배 동기 중에 배우로 성공한 이들을 볼 때면 그런 마음이 올라오곤 했다. 그런 내게 하나님께서 한번 작정하신 듯 말씀하셨다. 이제 그 생각을 멈추라고, 흔들리는 그 마음조차 허용하지 말라고 하시는 것 같았다. 오래 참으시는 하나님이 한번 매를 드실 때면 정말 혼쭐이 난다. 사랑하는 자식에게 매를 드실 수밖에 없는 것이다.

내 마음은 시끄러운 전쟁터가 되어 지옥으로 변해버렸다. 남편과도 다툼이 일어나고, 섬기는 사역에도 문제가 생겼다. 그 외에도 하나님께서 은혜를 거두어 가심으로 생기는 문제들이 삶의 곳곳에서 일어났다. 그제야 정신이 번쩍 들어 하나님 앞에 회개했다.

더는 그 생각에 내 마음을 내어주지 않겠노라 눈물 콧물 흘리며 기도했다. 그렇게 내 마음을 정리하게 해주셔서 사모로서 섬기는 삶도 열린 것 같다. 그리고 선물처럼 책을 출간할 기회도 열어주셨다. 이 역시 상상해본 적 없는 일이다. 부족한 내가 뭐라고 책을 내겠는가. 하지만 정과 욕심을 내려놓고 주님의 나라와 의를 구하며 따라갈 때, 그분은 내가 상상치 못한 일일지라도 가장 좋은 것으로 인도하셨다.

> 보라 내가 새 일을 행하리니 이제 나타낼 것이라 너희가 그것을
> 알지 못하겠느냐 반드시 내가 광야에 길을 사막에 강을 내리니
> 사 43:19

배우로서 사는 삶보다 영혼을 섬기고 기도할 수 있도록 돕는 지금의 삶이 더욱 기쁘다. 물론 아직도 하나님나라와 의를

구하고자 하는 마음과 나 자신에게 집중하고자 하는 마음 사이에서 날마다 씨름한다. 그 자리에서 말씀을 기억하며 하나님을 따라가고자 발버둥 친다. 골방에서도 씨름하며 기도한다. 그때 성령님께서 기도를 도우신다. 먼저 그의 나라와 의를 구하며 갈 수 있도록 용기를 북돋으시고 기쁨을 부어주시며 은혜를 기억하게 하신다.

역대상의 다윗의 인생을 통해 보여주신 하나님의 섭리를 기억하며, 우리 모두 먼저 그의 나라와 의를 구하는 기도자가 되길 진심으로 축복한다.

작은 마음을 보시는 하나님

남편과 나는 청년 시절에 우리 교회에 와서 하나님과 뜨거운 첫사랑을 나누었고, 교회를 너무도 사랑했다. 남편은 예배당 청소하는 걸 무척 좋아했는데, 어떤 날은 혼자서 감당하기도 했다. 팔을 걷어붙이고 땀을 흘려가며 예배당을 쓸고 닦고 의자를 밀었다 다시 깔았다 하면서도 연신 찬양을 흥얼거리며 기쁘게 청소했다.

연애할 때 한번 물어본 적이 있었다. 혼자 청소하면 힘들거나 화나지 않느냐고. 돌아온 대답은 "그 시간이 진짜 기분이 좋다"였다. 예배당을 혼자서 밀고 닦고 쓸면서 말할 수 없는 기쁨이 차오른다고. 그때는 이해하지 못했지만 시간이 흘러 남편의 말이 어떤 의미인지 조금 알게 되었다.

한번은 주방 봉사를 맡았는데, 월요일 찬양 팀 식사, 화요일 중보기도 팀 식사, 수요예배 식사까지 사흘간 이어졌고, 어떤 날은 혼자서 밥을 짓는 날도 있었다. 그런데 매주 새로운 메뉴를 찾아 탐구하며 지체들에게 밥을 해 먹이는 기쁨이 컸다. 사람들이 맛있다고 해주면 그렇게 뿌듯하고 좋을 수가 없었다. 하나님을 사랑하고 교회를 사랑하니 밥하는 일이 짐이 아니라 기쁨이었다.

'아, 남편이 예배당 청소하는 마음이 이런 거였구나.'

그때 그 시절, 우리의 작은 마음을 보신 하나님께서 시간이 흘러 우리를 교회의 목회자로 세우셨다. 스승이셨던 목사님이 소천하신 후에 남편이 이어서 교회를 맡게 되는 과정 또한 물 흐르듯 순적했다.

사실 우린 그 자리가 이렇게 빨리 오리라곤 상상도 해본 적이 없었다. 그저 목사님을 모시고 오래 섬기는 게 우리의 부르심인 줄 알았다. 하지만 하나님께서 목사님을 부르셨고, 미흡하고 부족한 우리로 이어가게 하셨다. 규장 대표님이 과정을 지켜보시며 이런 말씀을 하셨다.

"교계의 많은 경우를 봤지만 분쟁이나 다툼 없이 이토록 은혜롭고 순적하게 세대교체가 이뤄지는 건 처음 본 것 같아요.

정말 놀라워요. 두 분에게 하나님의 큰 페이버(favor)가 있는 것 같습니다."

예배당 청소를 하며 기뻐하고, 주방 봉사를 하며 즐거워하던 우리의 작은 마음을 기억하신 걸까. 정말이지 하나님의 크나큰 페이버, 오직 은혜이다. 어리고 부족한 우리 부부가 먼저 그의 나라와 의를 구할 때 모든 것을 더하신 하나님의 은혜가, 앞으로도 우리와 교회를 이끌어가시리라 믿는다.

처음 남편을 만났을 때 가장 좋아하는 말씀이 뭐냐고 물은 적이 있다. 남편은 고민 없이 말했다.

"난 마태복음 6장 33절."

간결하고 확신 있는 목소리였다. 당시에는 어떤 말씀인지도 알아채지 못했다. '좋은 교훈' 정도로 생각했던 이 말씀을 그가 제일 좋아한다니 의미 있게 담아두었다. 그리고 시간이 흘러 지금은 나도 두렵고 떨리는 마음으로 오직 이 말씀을 붙들고 평생 섬기기를 간절히 소망한다.

우리가 기도의 자리에 나아가 먼저 하나님나라와 의를 구할 때 모든 것을 더하시는 은혜를 분명히 주시는 하나님이시다. 하지만 그 은혜가 무엇일지 생각하고 계산하기보다, 다윗처럼 하나님을 사랑하고 찬양하며 주님을 위해 할 수 있는 일이 무엇인지 전심으로 구하는 우리가 되었으면 좋겠다.

내가 여호와인 줄 아는 마음을 그들에게 주어서 그들이 전심으로
내게 돌아오게 하리니 그들은 내 백성이 되겠고 나는 그들의 하나
님이 되리라 렘 24:7

1 현재 내 삶의 우선순위가 무엇인지 적어보자.

2 '그의 나라와 의'가 아닌 '내 욕심과 성공'만을 우선시하며
   달려가지는 않는가?

3 먼저 하나님나라와 의를 구하며 우선순위를 다시 적어보고,
   그대로 실천할 수 있도록 기도하자.

나는 기도하는 집인가?

운동을 좋아하는 한 선교사님이 들려주신 인상적인 이야기가 있다. 운동선수들은 소위 '사점'(死點), 즉 죽을 것 같은 한계 상황을 넘어서는 훈련부터 한다고 한다. 몸이 극한의 고비를 이겨 낸 경험을 기억해야 최고의 기량과 기록을 내는 선수로 발돋움할 수 있다는 것이다.

이 이야기를 들으며 기도할 때도 이 사점을 넘는 체질로 훈련하면 좋겠다는 생각이 들었다. 일상이 바쁘고 지쳐서 도저히 기도할 수 없어도, 그 한계를 넘어 날마다 기도의 자리를 지켜내는 것이다. 첫 책《기도시작반》에서 기도훈련을 운동에 빗대어 '기도 PT'라고 부른 것과도 뜻이 통한다.

지금 당신의 삶에는 하루의 일정 시간을 꾸준히 떼어드리는 정시기도 훈련이 어느 정도 자리잡았는가? 하루에 얼마나 기도의 자리에 머무는가? 실제 기도 시간을 묻는 것이다. 십오 분? 삼십 분? 사십 분? 그 기도의 시간, 기도의 사점을 조금 더 늘려가면 어떨까.

최소 하루 한 시간은 지켜내는 체질로 당신을 단련시키길 권한다. 최근 '한 시간 기도 운동'이 교계에서 일어나고 있다. 감사한 경건의 바람이다. 예수님도 제자들에게 "한 시간도 깨어있을 수 없더냐"(막 14:37)라고 물으셨다. 그러면 오늘날 우리에게도 동일하게 묻지 않으실까.

"회사 일이 너무 바빠서요", "아이들을 돌보느라 잠잘 시간도 부족해요", "지금 바쁜 프로젝트가 있어서 이것만 끝내놓고요"라는 대답이 돌아올지 모르겠다. 하지만 삶에서 중요하다고 여기는 우선순위의 일은 아무리 바빠도 어떻게든 하지 않는가.

기도가 중요하지 않은 부수적인 일로 치부되기에 우선순위에서 밀려버린다. 하면 좋지만, 안 해도 되는 선택 사항이 되고 만다. 과연 그럴까. 기도가 하면 좋지만 하지 않아도 되는 것일까?

예수님은 예루살렘 성전 안에서 매매하는 자들을 쫓아내시고 돈 바꾸는 자들의 상과 비둘기를 파는 자들의 의자를 둘러 엎으며 호통치셨다.

기록된 바 내 집은 만민이 기도하는 집이라 칭함을 받으리라고 하지 아니하였느냐 너희는 강도의 소굴을 만들었도다 막 11:17

주님이 거하시는 성전을 '기도하는 집'이라고 명명하셨다. '거룩한 집'이나 '말씀의 집'이라고도 하실 수도 있는데 말이다. 지금 성전은 바로 우리 자신이 아닌가. 예수님이 나를 성전 삼아 성령께서 우리 안에 거하신다.

그렇다면 성전인 나는 '기도하는 집'인가 아니면 온통 먹고사는 일, 육신이 살아가는 데만 초점을 맞추고 에너지와 시간을 쏟는 '강도의 소굴'인가? 오늘날 예수님이 나를 찾아오신다면 뭐라고 말씀하실까?

예수님은 인간의 몸으로 이 땅에서 사시는 동안 몸소 본을 보여주셨다. 새벽을 깨워 기도하시고, 사역 중에도 홀로 산에 올라가 기도하시고, 고단한 하루를 마치고 밤새 기도하셨다. 그야말로 그분 자신이 기도하는 집으로, 기도에 항상 힘쓰셨다.

주님을 따라 겟세마네 동산에 올라가서도 기도하지 못했던 제자들은 예수님이 십자가에 달려 죽으시고 부활하셔서 그들에게 성령을 보내신 후에 기도의 사도들로 변화되었다. 사도행전에 등장하는 제자들은 오직 기도에 힘쓰는 자들이었다. 기도를 통해 모든 하나님의 일이 이루어졌다. 성경은 분명히 말한다.

우리의 씨름은 혈과 육을 상대하는 것이 아니요 통치자들과 권세들과 이 어둠의 세상 주관자들과 하늘에 있는 악의 영들을 상대함이라 엡 6:12

우리가 기도하지 않고는 세상의 주관자, 악의 영들을 상대할 수 없다. 하나님과 상관없는 일을 할 뿐이다. 원수는 우리가 잠들기를 원한다. 우리가 기도하는 것을 지독히도 싫어한다. 기도 시간을 타협하라고 끊임없이 유혹한다. 들쑥날쑥한 기도 시간은, 나를 점점 기도하지 않는 나약한 체질로 만들어갈 것이다.

참 신기하게도 육적인 건 노력하지 않아도 쉽게 중독이 되는데, 영적인 건 날마다 싸우지 않으면 금세 하기가 싫어진다. 게임 중독, 술 중독, 미디어 중독 등 수많은 중독이 있지만 말씀과 기도에 중독되었다는 이야기는 들어본 적이 없다.

우리 육신이 그만큼 영적인 것을 싫어해서 그것들에 중독되지 않는다. 무엇보다 원수가 그렇게 되도록 내버려두지 않고, 수많은 것으로 유혹하며 끌어내린다.

이 계략에 힘없이 끌려가는 사람이 되지 말자. 운동선수가 사점을 넘어 강인한 인내의 체질로 단련하듯이 타협하지 않는 기도의 사람이 되도록 훈련하자. 최소 하루 한 시간 기도하는 삶에 생명을 걸자. 그러면 세월을 버리는 인생이 아니라 하나님의 뜻을 이루는 사명자의 삶이 될 것이다.

거창한 비전을 꿈꾸기 전에 기도하는 삶에 비전을 두길 바란다. 기도의 자리를 지켜내는 자에게 하나님께서 소원을 두시고, 하나님나라의 귀한 일꾼으로 그 삶을 쓰실 것이다.

내가 곧 그들을 나의 성산으로 인도하여 기도하는 내 집에서 그들을 기쁘게 할 것이며 그들의 번제와 희생을 나의 제단에서 기꺼이 받게 되리니 이는 내 집은 만민이 기도하는 집이라 일컬음이 될 것임이라 사 56:7

그동안 응답받은 기도

앞으로 응답받을 기도

기도응답에 감사하는 기도

당신을 위한, 기도응답반

초판 1쇄 발행   2021년 9월 6일

지은이   유예일

펴낸이   여진구
책임편집   김아진 정아혜
편집   이영주 기은혜 정선경 최현수 안수경 김도연 최은정
책임디자인   조은혜 노지현 | 마영애
기획·홍보   김영하
마케팅   김상순 강성민 허병용   마케팅지원   최영배 정나영
제작   조영석 정도봉   경영지원   김혜경 김경희

303비전성경암송학교 유니게과정   박정숙 최경식
이슬비전도학교 / 303비전성경암송학교 / 303비전꿈나무장학회   여운학

펴낸곳   규장

주소 06770 서울시 서초구 매헌로 16길 20(양재2동) 규장선교센터
전화 02)578-0003   팩스 02)578-7332
이메일 kyujang0691@gmail.com   홈페이지 www.kyujang.com
페이스북 facebook.com/kyujangbook   인스타그램 instagram.com/kyujang_com
카카오스토리 story.kakao.com/kyujangbook
등록일 1978.8.14. 제1-22

ⓒ 저자와의 협약 아래 인지는 생략되었습니다.
이 출판물은 저작권법에 의해 보호를 받는 저작물이므로 무단 전재와 무단 복제를 할 수 없습니다.

책값 뒤표지에 있습니다.
ISBN 979-11-6504-235-6 03230

규 | 장 | 수 | 칙

1. 기도로 기획하고 기도로 제작한다.
2. 오직 그리스도의 성품을 사모하는 독자가 원하고 필요로 하는 책만을 출판한다.
3. 한 활자 한 문장에 온 정성을 쏟는다.
4. 성실과 정확을 생명으로 삼고 일한다.
5. 긍정적이며 적극적인 신앙과 신행일치에의 안내자의 사명을 다한다.
6. 충고와 조언을 항상 감사로 경청한다.
7. 지상목표는 문서선교에 있다.

> 하나님을 사랑하는 자 곧 그의 뜻대로 부르심을 입은 자들에게는 모든 것이 合力하여 善을 이루느니라(롬 8:28)

규장은 문서를 통해 복음전파와 신앙교육에 주력하는 국제적 출판사들의
협의체인 복음주의출판협회(E.C.P.A:Evangelical Christian Publishers
Association)의 출판정신에 동참하는 회원(Associate Member)입니다.